Hichem Klabi
Khaled Mellouli

L'automatisation de l'activité de négociation dans le Supply Chain

Hichem Klabi
Khaled Mellouli

L'automatisation de l'activité de négociation dans le Supply Chain

Éditions universitaires européennes

Impressum / Mentions légales
Bibliografische Information der Deutschen Nationalbibliothek: Die Deutsche
Nationalbibliothek verzeichnet diese Publikation in der Deutschen
Nationalbibliografie; detaillierte bibliografische Daten sind im Internet über
http://dnb.d-nb.de abrufbar.
Alle in diesem Buch genannten Marken und Produktnamen unterliegen
warenzeichen-, marken- oder patentrechtlichem Schutz bzw. sind
Warenzeichen oder eingetragene Warenzeichen der jeweiligen Inhaber. Die
Wiedergabe von Marken, Produktnamen, Gebrauchsnamen, Handelsnamen,
Warenbezeichnungen u.s.w. in diesem Werk berechtigt auch ohne besondere
Kennzeichnung nicht zu der Annahme, dass solche Namen im Sinne der
Warenzeichen- und Markenschutzgesetzgebung als frei zu betrachten wären
und daher von jedermann benutzt werden dürften.

Information bibliographique publiée par la Deutsche Nationalbibliothek: La
Deutsche Nationalbibliothek inscrit cette publication à la Deutsche
Nationalbibliografie; des données bibliographiques détaillées sont
disponibles sur internet à l'adresse http://dnb.d-nb.de.
Toutes marques et noms de produits mentionnés dans ce livre demeurent
sous la protection des marques, des marques déposées et des brevets, et sont
des marques ou des marques déposées de leurs détenteurs respectifs.
L'utilisation des marques, noms de produits, noms communs, noms
commerciaux, descriptions de produits, etc, même sans qu'ils soient
mentionnés de façon particulière dans ce livre ne signifie en aucune façon
que ces noms peuvent être utilisés sans restriction à l'égard de la législation
pour la protection des marques et des marques déposées et pourraient donc
être utilisés par quiconque.

Coverbild / Photo de couverture: www.ingimage.com

Verlag / Editeur:
Éditions universitaires européennes
ist ein Imprint der / est une marque déposée de
OmniScriptum GmbH & Co. KG
Heinrich-Böcking-Str. 6-8, 66121 Saarbrücken, Deutschland / Allemagne
Email: info@editions-ue.com

Herstellung: siehe letzte Seite /
Impression: voir la dernière page
ISBN: 978-3-8417-4955-0

Table de Matières

Introduction Générale 1

Chapitre I : Le Supply Chain et ses systèmes de support 5

Section I : Introduction au Supply Chain 5

I- Présentation du « *Supply Chain* » 6

II- La gestion et l'analyse de la plus-value dans le Supply Chain 7

II.1- Le Supply Chain Management 7

II.2- Le Value Chain et Le Value System – VC&VS 11

III- Les problèmes du Supply Chain et leurs solutions 13

III.1- Les problèmes du Supply Chain 13

III.2- Les solutions 13

Section II : Les caractéristiques de Supply Chain 14

I- Le partage de l'information 14

I.1- La communication 15

I.2- L'intégration des données 16

II- Les modes de gestion et de contrôle des activités du Supply Chain 18

II.1- La supervision 18

II.2- La synchronisation des tâches et l'ordonnancement 19

II.3- La négociation 20

II.4- La prise de décision 21

III- La configuration et la formation du Supply Chain 22

Chapitre II : La négociation dans le Supply Chain 24

I- La négociation..24

II- Les systèmes de support 26

II.1- Negotiating Agents for Supply Chain Management [9] 26

II.2- A bidding decision model in multi agent Supply Chain planning[30] 28

II.3- Compensatory negotiation for agent based project schedule optimisation and coordination : [20] 30

III- Le cadre de recherche 31

III.1- Les critères du choix 31

III.2- La contribution..32

Chapitre III : La Créativité 33

I- Définitions 33

I.1- Définition 1 : [Roy 1978] 33

I.2- Définition 2 : [Demory 1990]..34

I.3- Définition 3 : [Timbal-Duclaux 1990] 34

II- La créativité au sens large 34

II.1- Les types de la créativité 34

II.2- Le processus de créativité 35

II.3- Les méthodes et les techniques de créativité..36

III- La créativité intelligente..38

III.1- Les recherches reliées à la créativité intelligente 38

III.2- Les besoins de la créativité 39

Chapitre IV : L'étude des multi agents et de leurs plateformes 41

Section I : La technologie Multi agents 41

I- Les définitions des termes « agent » et «système multi-agents».......................................42

I.1- Définitions d'un agent 42

I.2- Définition d'un système multi agents - SMA.......................................43

II- L'historique de la technologie Multi agents.......................................45

III- Les écoles Multi agents.......................................46

III.1- L'école cognitive.......................................46

III.2- L'école réactive 47

IV- Les architectures des agents.......................................48

IV.1- L'architecture Subsumption (Brook, 86).......................................48

IV.2- L'architecture de tableau noir 49

IV.3- L'architecture Touring Machine (Ferguson, 94) 50

V- Les méthodes de coopération des agents 50

V.1- La communication.......................................51

V.2- La collaboration / La coopération 51

V.3- La coordination 52

V.4- La négociation.......................................53

VI- Les avantages et les inconvénients des systèmes multi agents.......................................54

VI.1- Les avantages des systèmes multi agents 54

VI.2- Les inconvénients des systèmes multi agents.......................................55

Section II : Les plateformes Multi agents 55

I- Plateforme I : AgentTool 56

II- Plateforme II : JADE 57

III- Plateforme III : MadKit... 59

IV- Plateforme IV : Zeus 60

V- La plateforme retenue 61

Chapitre V : La phase d'analyse.. 63

I- La Capture des Objectifs 63

I.1- Le contexte du système... 64

I.2- Le diagramme hiérarchique des objectifs.. 65

II- L'application des Cas d'utilisation... 66

II.1- Les cas d'utilisation... 67

II.2- Le diagramme de séquences du cas d'utilisation « Négociation des propositions » 67

III- Troisième étape : Le Raffinement des Rôles 68

III.1- Le modèle des rôles... 68

III.2- Les diagrammes de tâches 68

Chapitre VI : La phase de Conception 76

I- La création des classes d'agents 76

II- La construction des conversations.. 76

II.1- Conversation 1 : Affichage_proposition 77

II.2- Conversation 2 : Distribution_proposition.. 78

II.3- Conversation 3 : Traitement_proposition.. 79

II.4- Conversation 4 : Lancement_appel d'offre 81

III- Troisième étape : L'assemblage des agents 82

III.1- Agent Interface « Utilisateur » 82

III.2- Agent Contrôleur « C » 82

III.3- Agent Informationnel « I » 83

III.4- Agent Négociateur « N » 84

IV- Quatrième étape : La conception du système 84

V- Les interfaces du système 85

Conclusion Générale 89

Références Bibliographiques 91

Table de Figures

Figure 1 : un modèle générique d'un Supply Chain 7

Figure 2 : L'intégration du SUPPLY CHAIN dans L'industrie 8

Figure 3 : Relation entre Supply Chain et Value Chain [45] 11

Figure 4 : le modèle du Value Chain de Michael Porter [45] 12

Figure 6 : Le processus de négociation 25

Figure 7 : le modèle de négociation d'un SCM 28

Figure 8 : le processus de négociation dans le CNP 29

Figure 9 : Le processus de négociation 31

Figure 10 : Le processus de créativité - Lawson 1997 35

Figure 11 : Les trois besoins de la créativité 40

Figure 12 : L'agent cognitif 46

Figure 13 : L'agent réactif 47

Figure 14 : L'architecture Subsumption 48

Figure 15 : Le Tableau noir 49

Figure 16 : Touring Machine 50

Figure 17 : Le modèle de négociation 54

Figure 18: Le diagramme hiérarchique des objectifs 66

Figure 19 : Le diagramme de Cas d'utilisation 67

Figure 20 : le diagramme de séquence du cas « Négociation des propositions » 67

Figure 21 : Le modèle des rôles 68

Figure 22 : Le diagramme de la tâche « Lancer proposition » 69

Figure 23 : Le diagramme de la tâche « Afficher proposition » 69

Figure 24 : Le diagramme de la tâche «Envoyer proposition » 70

Figure 25 : Le diagramme de la tâche « Recevoir proposition » 70

Figure 26 : Le diagramme de la tâche « Valider contrat » 71

Figure 27 : Le diagramme de la tâche « Envoyer paramètres ».......................................71

Figure 28 : Le diagramme de la tâche « Réception proposition » 72

Figure 29 : Le diagramme de la tâche « Valider »...72

Figure 30 : Le diagramme de la tâche « Renseignement fournisseur » 73

Figure 31 : Le diagramme de la tâche « Négocier proposition » 73

Figure 32 : Le diagramme de la tâche « Calculer paramètres »......................................74

Figure 33 : Le diagramme de la tâche « Choisir paramètres » 74

Figure 34 : Le diagramme de la tâche « Envoyer appel d'offre paramètres » 75

Figure 35 : Le diagramme de la tâche « Recevoir propositions »....................................75

Figure 36 : Le diagramme de classes d'agents...77

Figure 37 : Le diagramme de classe de communication «Affichage proposition » -
Négociateur ➔ Interface 78

Figure 38 : Le diagramme de classe de communication «Affichage proposition » -
Interface ➔ Négociateur 78

Figure 39 : Le diagramme de classe de communication «Distribution proposition » -
Contrôleur ➔ Module Informationnel 78

Figure 40 : Le diagramme de classe de communication «Distribution proposition » -
Module Informationnel ➔ Contrôleur 79

Figure 41 : Le diagramme de classe de communication «Traitement proposition» -
Module Informationnel ➔ Négociateur...80

Figure 42 : Le diagramme de classe de communication «Traitement proposition» -
Négociateur ➔ Module Informationnel...80

Figure 43 : Le diagramme de classe de communication «Lancement appel d'offre» -
Interface ➔ Contrôleur 81

Figure 44 : Le diagramme de classe de communication «Lancement appel d'offre» -
Contrôleur ➔ Interface 81

Figure 45 : L'architecture de l'agent Interface 82

Figure 46 : L'architecture de l'agent Contrôleur..83

Figure 47 : L'architecture de l'agent Informationnel.......................................83

Figure 48 : L'architecture de l'agent Négociateur 84

Figure 49 : Le diagramme de déploiement..85

Figure 50 : Interface pour le choix de l'opération 86

Figure 51 : Interface pour le lancement de l'appel d'offre...............................86

Figure 52 : Interface pour le paramétrage de l'agent Négociateur 87

Figure 53 : Interface pour le paramétrage de l'agent Contrôleur 87

Figure 54 : Interface pour l'affichage de la proposition optimale 88

Table de Tableaux

Tableau 1 : La synthèse de l'étude des plateformes 61

Introduction Générale

La gestion a continuellement connu une évolution de ses méthodes managériales. Dans ses débuts, on recourait au support papier pour effectuer de simples transactions sans toutefois, atteindre un niveau acceptable de performance. En effet, la lenteur de transmission des informations via ce support classique et son incapacité à intégrer de nouveaux types de données ont, entre autres, induit le dysfonctionnement des systèmes internes et externes de gestion des entreprises.

Il était ainsi nécessaire dans un environnement turbulent et complexe et dans l'exigence d'une gestion prospective et efficace de réfléchir à de nouveaux modes d'échange des données à l'intérieur des entreprises et dans ses relations avec ses partenaires. Dans ce cadre, les systèmes d'aide à la décision, les systèmes experts et les systèmes dynamiques et hétérogènes s'imposent comme outils fondamentaux pour tout gérer et l'ensemble forme un nouveau concept qui est « Le Supply Chain ».

Le Supply Chain représente actuellement le modèle de la gestion moderne des entreprises. Il met en place de nouveaux modes de coopération interactives et fluides entre différents acteurs économiques. Concrètement, il rejoint des réseaux de fournisseurs, d'usines, d'entrepôts, de centres de distribution et de revendeurs par lesquels les matières premières seront acquises, transformées, produites et livrées aux clients finaux. Ce nouveau concept élargit la compétition jadis située entre les entreprises vers une compétition entre des communautés de partenaires reliés par des systèmes intégrés tels que les systèmes d'aide à la décision et les systèmes experts. Le Supply Chain a bien su réduire la distance entre l'entreprise et ses partenaires et augmenter la performance et la part de marché des entreprises en introduisant des technologies informatiques au niveau de ces activités. Néanmoins, ce concept présente une contrainte de taille au niveau de son fonctionnement qui est l'intervention humaine.

Le fonctionnement du Supply Chain ne peut être accompli totalement sans une intervention humaine. Cette dernière ralentit le processus de gestion et réduit les performances et la valeur ajoutée de tout le système. Toutefois, la réduction ou l'élimination totale de l'intervention humaine est par conséquent envisagée dans les activités de Supply Chain. La solution proposée se situe au niveau de l'utilisation des systèmes multi agents qui permettent grâce à leurs agents intelligents d'offrir un aspect de « **virtualité** » et d'« **automatisation** » au niveau de toutes les opérations (de configuration, de collaboration, de planning, etc.) inclues dans le Supply Chain, le transformant en un système « **autonome** », « **auto-organisateur** » et « **auto régulateur** » susceptible d'être indépendant de l'intervention humaine.

L'introduction des systèmes multi agents dans le Supply Chain se situe généralement à trois niveaux : le partage de l'information, les activités du Supply Chain et sa formation ou sa configuration. Une telle introduction exige de ce fait une réflexion quant à ses modalités.

Le Supply Chain est un concept complexe, il englobe plusieurs activités tels que : les échanges de données, la supervision, la négociation, la synchronisation des tâches, l'ordonnancement, etc. De ce faite, il est difficile d'introduire les multi agents dans le Supply Chain et concevoir un système qui gère tous ces activités. Il fallait donc réfléchir à résoudre ce problème en étapes. La première étape consiste à identifier les champs où nous pouvons intervenir et introduire la technologie multi agents dans le Supply Chain.

Ensuite, la deuxième étape consiste à choisir l'activité qui sera le point de départ de cette étude.

Dans ce présent travail, nous choisissons l'activité de négociation comme activité du Supply Chain. Les critères de ce choix seront développés en détail dans le deuxième chapitre. Ainsi, ce travail a pour objectif de répondre à ces questions :

- *Quels sont les champs d'intervention au niveau du « Supply Chain »?*
- *Comment introduire les systèmes multi agents dans l'activité de négociation au niveau du « Supply Chain » ?*

L'objectif principal est de mettre en place un modèle multi agents au sein du Supply Chain ayant pour rôle d'automatiser l'activité de négociation au sein de l'entreprise et d'y mettre un système totalement virtuel. Cet objectif est composé en des sous-objectifs dans le but de faciliter et sa compréhension et sa réalisation. Tout d'abord, nous étudions le concept du Supply Chain en général et ses systèmes de support. Ensuite, nous étudions l'activité de négociation en essayant d'identifier les limites présentes dans les systèmes informatiques conçus pour cette activité. Puis, nous étudions la technologie multi-agents afin de répondre à ces différentes limites.

Pour répondre à ces différents objectifs, ce manuscrit est organisé en deux grandes parties : 1) l'étude des différents concepts étroitement liés au système de négociation basé sur les multi agents et 2) la conception et la réalisation de ce système de négociation.

La première partie sera consacrée à la compréhension du contexte général de ce travail et la présentation et l'étude des technologies qui seront utilisées dans la conception et la réalisation de notre système. Cette première partie est composée en quatre chapitres. Le premier chapitre « *Le Supply Chain et ses systèmes de support* » sera consacré à la présentation du système Supply Chain ainsi qu'à une définition de ses concepts de base (la négociation, la coordination, la supervision, l'ordonnancement, la communication et l'organisation) et des systèmes informatiques conçus pour les supporter. Dans le deuxième chapitre « *La négociation dans le Supply Chain* », nous étudions et analysons les différentes recherches et études liées à l'activité de la négociation dans le Supply Chain tout en identifiant les limites et les inconvénients de ces dernières.

Dans le troisième chapitre « **La créativité** », nous introduisons le concept de la créativité qui représente un concept fondamental pour la réalisation du système à proposer qui permet de répondre aux limites constatées dans l'étude des systèmes de négociation du deuxième chapitre.

Au niveau du quatrième chapitre « *L'étude des multi agents et de leurs plateformes* », nous présentons la technologie multi agents, qui représente l'outil de base pour le développement de notre système. Une étude sélective est entreprise sur les différentes plateformes multi agents dans le but de choisir la plateforme qui s'adapte au mieux avec nos objectifs et nos contraintes.

À travers cette première partie, nous identifions les prémisses d'une conceptualisation d'un système multi agent pour l'activité de négociation du Supply Chain.

La deuxième partie est consacrée à la définition du dit système en utilisant la méthodologie de conception **MaSE** « **M**ultiagent **S**ystems **E**ngineering ». Cette partie comporte deux chapitres exposant les différentes phases du MaSE qui sont : « *La phase d'analyse* », « *La phase de conception* ». Dans « *La phase d'analyse* », les principaux objectifs du système sont énumérés, les cas d'utilisation et les rôles sont définis. Dans « *La phase de conception* », les classes d'agents et l'ensemble des conversations entre ces agents sont établis ainsi que l'architecture de déploiement du système.

Chapitre I : Le Supply Chain et ses systèmes de support

De nos jours, les changements rapides et sans cesse observés au niveau des environnements économiques et techniques associés aux entreprises industrielles exigent de la part de ces entreprises une adaptation dynamique et rapide [1]. Le concept de Supply Chain représente le modèle idéal de la gestion moderne qui assure la survie et l'adaptation de l'entreprise dans son environnement. Le Supply Chain suscite un intérêt croissant de la part des gestionnaires et des chercheurs en informatique et en gestion.

Dans ce chapitre, nous définissons le concept de Supply Chain et nous présentons les différentes recherches faites dans ce domaine. Ce chapitre est réparti en deux grandes sections. La première section intitulée «Introduction au Supply Chain » est une présentation générale du Supply Chain. La deuxième section « Les caractéristiques du Supply Chain et leurs systèmes de support » est consacrée à la définition des différentes activités du Supply Chain en présentant les systèmes qui les supportent.

Section I : Introduction au Supply Chain

L'avènement de l'informatique a stimulé l'esprit de compétition dans les entreprises. L'enjeu est maintenant de savoir améliorer la qualité des produits, des informations et des services. Le « Supply Chain » ou la chaîne d'approvisionnement offre une planification, une organisation et un contrôle de trois principales activités de la gestion de l'entreprise : la qualité des produits, les informations et les services. Dans cette section, nous essayons de comprendre ce concept et de le présenter ainsi que les concepts (Supply Chain Management et le Value Chain) qui lui sont liés directement. Nous présentons aussi les problèmes constatés au niveau du Supply Chain et ainsi que les solutions proposées dans la littérature.

I- Présentation du « *Supply Chain* »

Le concept du Supply Chain comprend toutes les activités associées aux flux et aux transformations des biens de l'extraction de matières premières qui émanent des fournisseurs jusqu'aux usines et aux entrepôts pour arriver finalement aux clients [24]. Le Supply Chain inclut aussi les organisations et les processus nécessaires à la création jusqu'à la livraison des produits, des informations et des services aux clients. Le Supply Chain implique : l'achat de matériels, la planification et le contrôle de la production et du stock de magasinage ainsi que la distribution et la livraison [38]. Le Supply Chain est un processus dynamique impliquant l'existence d'un flux constant d'informations, de matériels et de fonds passant à travers plusieurs secteurs intra et extra fonctionnels situés entre les membres du Supply Chain. Ces derniers ont besoin de coopérer afin de converger vers un seul objectif global qui est la satisfaction des besoins des clients et la maximisation de leurs profits.

La figure 1 présente le modèle Supply Chain qui permet de visualiser tous les acteurs intervenants dans le Supply Chain (les Upstream, L'Internal Supply Chain et Les Downstream) ainsi que le cycle de vie d'un produit de sa forme matière jusqu'à sa consommation. Cette architecture offre une meilleure compréhension et un contrôle efficace des flux de données ou de matières entre les membres du Supply Chain. De façon plus précise, nous définissons les concepts liés au Supply Chain : Le Supply Chain Management et le Value Chain et le Value System. Ces trois concepts assurent un contrôle de la performance au niveau du Supply Chain.

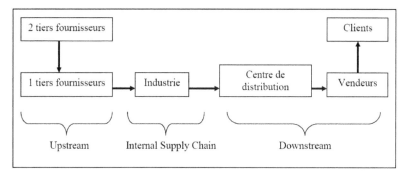

Figure 1 : un modèle générique d'un Supply Chain

II- La gestion et l'analyse de la plus-value dans le Supply Chain

Le Supply Chain Management, le Value Chain et le Value System permettent la gestion et l'analyse de la plus-value tout au long du Supply Chain.

II.1- Le Supply Chain Management

La performance d'une entreprise industrielle est mesurée par le coût des marchandises qu'elle produit, leur qualité et surtout leur adaptation avec les besoins des clients. Le Supply Chain Management représente une solution récente intégrée dans l'industrie (figure 2) ayant comme objectif une distribution efficace des ressources à travers le Supply Chain tout en garantissant des produits abordables et de haute qualité.

Dans ce qui suit, nous présentons l'évolution du concept de Supply Chain Management et de son rôle dans l'entreprise ainsi que les avantages qu'il peut apporter à différents niveaux [24] [33].

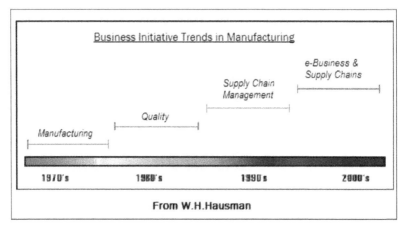

Figure 2 : L'intégration du SUPPLY CHAIN dans L'industrie

II.1.1- L'évolution du Supply Chain Management dans l'entreprise

Le Supply Chain Management a été jadis compris comme la gestion de la logistique qui en fait est juste une fonction importante dans le développement d'un programme efficace du Supply Chain Management. L'information et la finance, en tenant compte de la logistique, représentent les éléments essentiels pour l'implantation d'un Supply Chain efficace et efficient ayant pour but de réduire les coûts et en se donnant plus d'efforts sur la satisfaction des clients et l'amélioration des relations entre les partenaires du Supply Chain [48].

II.1.1.1- La transformation du Supply Chain en Demand Chain :

Dans les années 90, le centre d'intérêt de plusieurs entreprises était la réduction des coûts. Cette culture matérialiste s'est convertie, au début des années 2000, vers la satisfaction des besoins des clients. Les demandes des clients, devenus de plus en plus personnalisées, ont dépassé le stade de la qualité du produit et englobent en plus la qualité de la livraison et celle du service après-vente. De ce fait, le Supply Chain est

8

guidé par les besoins des clients (Qu'est-ce qu'ils veulent ? Quand et où ils le veulent ? Et au prix le plus bas possible.). Dans ce sens, Blackwell and Blackwell (2001) ont proposé la notion de « Demand Chain » qui remplace le Supply Chain afin de montrer le rôle important du client dans le développement du Supply Chain. Le Demand Chain représente le processus circulaire des flux partant des besoins des clients vers le marché. Il unit les membres du Supply Chain autour de la nouvelle culture selon laquelle la satisfaction des clients et la résolution de ses problèmes symbolisent leurs règles d'or et ceci à travers :

- L'analyse des connaissances concernant le client, ses problèmes et ses besoins ;
- L'identification des partenaires pour l'exécution efficace des fonctions nécessaires dans le Demand Chain ;
- La modification de l'ordre des fonctions qui doivent être faites de sorte à les exécuter de la manière la plus efficace et la plus efficiente ;
- Le partage des connaissances des entités du Supply Chain concernant les consommateurs, les technologies et les opportunités disponibles ;
- La conception des produits et des services pour la résolution des problèmes des clients ;
- Le développement et l'exécution des nouvelles méthodes de distribution et de transport.

II.1.1.2- La synchronisation des relations dans le Supply Chain :

Nous évoluons dans un environnement dynamique plein d'évènements imprévisibles et incertains. Cette vérité impose au Supply Chain son caractère dynamique. Ceci implique une acquisition simultanée et une réévaluation des partenaires, des technologies et des structures organisationnelles. La synchronisation des relations entre les acteurs du Supply Chain représente une solution pour surmonter et s'adapter aux modifications et aux changements de son environnement interne et externe. Cette stratégie de synchronisation nécessite une coopération entre les partenaires du Supply Chain dans des relations interactives qui prennent forme dans le partage des informations et des décisions et l'union du planning.

II.1.2- Les avantages du Supply Chain Management

Le Supply Chain Management a pour rôle la planification, l'organisation et la coordination entre les différentes activités du Supply Chain. Il permet de répondre à toutes les questions suivantes : Quels fournisseurs doivent-ils être employés pour de tels produits ? Quels produits doivent être fabriqués ? Quand les travaux doivent être commencés ? Quand de nouvelles commandes doivent être placées ? Quel niveau d'inventaire doit être préservé?

Les nouvelles mesures adoptées au niveau Supply Chain Management permettent :

- La construction et le renforcement des rapports entre les clients et les acteurs du Supply Chain ;
- L'amélioration de la productivité et de la fiabilité des fournisseurs ainsi que la réduction des coûts ;
- L'apprentissage continu du personnel de nouvelles idées et techniques à partir de la collaboration et le partage des connaissances.

De ce fait, le but du Supply Chain Management est de réduire l'incertitude et les risques dans le Supply Chain et de maximiser la plus-value et la satisfaction des clients tout en réalisant un avantage compétitif durable.

II.2- Le Value Chain et Le Value System – VC&VS

La figure 4 montre la relation entre les deux concepts Supply Chain et Value Chain. Le Supply Chain représente une partie du Value Chain.

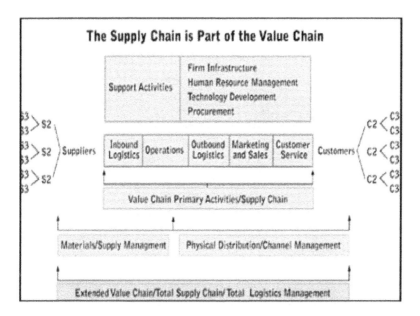

Figure 3 : Relation entre Supply Chain et Value Chain [45]

Le Value Chain représente un avantage compétitif pour l'entreprise par l'analyse des activités de gestion de cette dernière. Michael Porter dans [45] expose le modèle du Value Chain (figure 3) en identifiant ses différentes activités principale et de support.

Les activités principales sont l'Inbound, l'opération, l'Outbound, le marketing et les ventes et finalement les services. Elles incluent la réception, le stockage, la planification des opérations de transformation des produits, la gestion de distribution, la publicité, la promotion et tous les services après ventes. Les activités de support sont l'acquisition, le développement de la technologie, la gestion de ressources humaines et l'infrastructure de l'entreprise. Ils permettent au Value Chain d'évoluer et de s'adapter avec l'environnement interne et externe de l'entreprise. Ces activités peuvent être vues comme une source de développement d'avantages compétitifs.

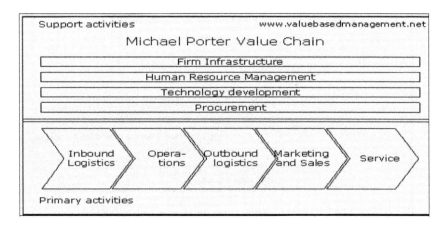

Figure 4 : le modèle du Value Chain de Michael Porter [45]

Comme l'explique le modèle (figure 3), ces activités sont reliées ensembles. Le lien en question est identifié lorsque l'exécution ou le coût d'une activité affecte une autre activité. L'avantage compétitif peut être obtenu en optimisant et coordonnant les activités liées. Chaque output d'une activité représente un input d'une autre. La valeur s'additionne chaque fois qu'un input se transforme en un output.

Le Value Chain de la société est en relation avec les Value Chain des upstream et des downstream. Le résultat de ces Value Chain est connu sous le nom de Value System. De ce fait, le développement d'une entreprise dépend non seulement du Value Chain de cette dernière mais du Value System dont l'entreprise fait partie.

III- Les problèmes du Supply Chain et leurs solutions

Plusieurs problèmes liés directement à la communication, la collaboration et l'intégration entre les différents acteurs intervenants dans cette activité sont à constater.

III.1- Les problèmes du Supply Chain

Les problèmes du « Supply Chain » résultent de la complexité de ce concept. En effet, le grand nombre des acteurs qu'y sont impliqués représente une source d'incertitude et rend la coordination dans le Supply Chain difficile. Ainsi, ces problèmes peuvent être divisés en deux grands volets : l'incertitude des données et le manque de coordination [38; 40].

L'incertitude s'amplifie avec les prévisions des demandes qui sont à leur tour influencées par plusieurs facteurs tels que la compétition, les prix, les conditions climatiques et les développements technologiques. Le temps de livraison représente aussi une autre source d'incertitude. En effet, le Supply Chain présente une situation dynamique où la modification d'une donnée peut provoquer un changement total dans la planification et l'organisation.

Le manque de communication et de coordination entre les activités, les unités internes et les partenaires d'affaires est dû principalement à la pauvreté du service clientèle, à la mauvaise qualité du produit ou service, aux coûts d'inventaires très élevés, etc.

III.2- Les solutions

Nous remarquons que les problèmes du Supply Chain sont tous d'ordre organisationnel. Une bonne communication et un bon contrôle de l'environnement interne et externe de l'entreprise peuvent résoudre efficacement ces problèmes et augmenter la valeur ajoutée tout au long du Supply Chain. Les solutions données dans la littérature se situent au niveau de la coordination, la négociation, la supervision et la communication entre les différents acteurs du Supply Chain telles que : [38]

- L'intégration verticale ;
- La coordination entre les activités du Supply Chain ;
- L'amélioration des relations avec les fournisseurs et les clients ;
- La réduction du nombre d'intermédiaires en utilisant le e-commerce et le marketing direct ;
- La création des stratégies d'association avec les fournisseurs

Section II : Les caractéristiques de Supply Chain

Le Supply Chain est un processus dynamique composé d'un ensemble d'entités en interaction continue et exhibant une multitude de comportements collaboratifs. Le Supply Chain présente trois principaux domaines où la collaboration entre ses acteurs est nécessaire : la partage de l'information, les activités et la configuration du Supply Chain [48].

Nous étudions les caractéristiques du Supply Chain au niveau de ces trois domaines en présentant les différentes recherches réalisées et technologies y afférents. Ensuite, nous sélectionnons le domaine cible qui représente le point de départ de ce présent travail.

I- Le partage de l'information

Le partage de l'information constitue le premier besoin pour la construction d'un environnement collaboratif et distribué. Le Supply Chain nécessite ce genre de partage puisque l'information provient de plusieurs sources de données. Chaque acteur du Supply Chain doit être capable de contrôler l'information, la localiser, y accéder et l'organiser sous un format générique compréhensible par les autres acteurs.

Le partage de l'information entre les entités du Supply Chain peut avoir lieu à tous les niveaux du Supply Chain puisque les processus transactionnels, les opérations du Supply Chain, la planification et même la prise de décision ont besoin de ces informations partagées dans leurs fonctionnements. Le partage de l'information est établit à travers la communication entre les entités du Supply Chain ainsi que l'intégration de données disponibles dans les bases de données locales de chaque entité [48].

I.1- La communication

Le monde de la gestion avec sa nature compétitive exige de la part des entreprises et plus spécifiquement des acteurs du Supply Chain de travailler ensemble et de coopérer puisque l'interaction et la coopération entre les entités d'un Supply Chain représentent les facteurs de performance et profit dans le Supply Chain. Cette coopération est établie à travers une communication continue entre les différents partenaires du Supply Chain. Elle représente un des moyens d'échange d'informations, de données, de connaissances et d'idées qui respecte un certain degré de compréhension.

Dans la littérature, plusieurs projets et standards qui assurent la communication entre les entités du Supply Chain ont été proposés à savoir :

- Collaborative Agent System Architecture – The CASA dans [35] : The CASA est développé à l'université de Calgary et constitue un réseau d'un Supply Chain complexe. Il est composé d'un ensemble d'éléments collaboratifs représentés en des agents intelligents. Son objectif est le support des agents collaboratifs dans leurs communications via Internet. CASA offre aussi des services de messagerie, de consultation et de recherche.
- Les Protocoles de communication : nous citons comme exemples de ces protocoles : TCP, UDP, FTP, TFTP, etc.

I.2- L'intégration des données

L'intégration des données représente le deuxième moyen utilisé dans le Supply Chain pour établir le partage de l'information. Avec l'avènement des nouvelles technologies de l'information, chaque entité dispose maintenant d'un ou plusieurs systèmes pour organiser ses activités et ses sources de données. Les systèmes qui formeront le nouveau Supply Chain peuvent être hétérogènes rendant leur intégration très difficile. Toutefois, on dénombre l'existence de plusieurs technologies qui supportent l'intégration de ce genre de système telles que :

- Distributed Intelligent design Environment – the DIDE project dans [34]. The DIDE est développé au sein de l'université de technologie de Compiègne. Ce projet est destiné à l'origine comme un outil d'aide à la conception. Toutefois, son architecture générale peut aussi être employée pour développer des systèmes distribués. Son rôle est d'intégrer des systèmes hétérogènes et de sources différentes (tels que des outils techniques, des systèmes de base de données, des systèmes de base de connaissance) en un seul système ouvert où l'utilisateur peut ajouter, modifier ou supprimer un agent sans devoir interrompre ou réinitialiser le processus. L'architecture de DIDE est organisée en une population d'agents cognitifs asynchrones utilisés pour l'intégration des outils techniques dans un environnement ouvert. Chaque outil est représenté par un agent indépendant et autonome. Ces outils sont connectés par un réseau local et communiquent via ce réseau. Chacun d'entre eux peut communiquer aussi avec d'autres agents placés dans d'autres réseaux locaux employant l'Internet.

- Mediator Agent for Enterprise Integration – the MetaMorph II dans [48]. Ce projet est développé à l'université de Calgary. Il utilise l'architecture mediator-centric basée sur les agents hybrides. Son objectif est d'intégrer les activités

16

industrielles de l'entreprises (tels que l'ordonnancement, le planning, la distribution, etc.) avec celles des autres acteurs du Supply Chain dans un seul environnement ouvert et distibué. Dans MetaMorph II, l'agent représente les ressources industrielles (Machines, outils, etc.). Son rôle est d'encapsuler les logiciels existants, de coordonner ces logiciels et d'exécuter une ou plusieurs fonctions du Supply Chain. Ces agents sont connectés via Internet et/ou intranet par des médiateurs. Ces médiateurs sont aussi des agents, ils fournissent les services de messages et soutiennent la coopération entre les agents. Au niveau du MetaMorph II, il existe quatre types de médiateurs :

- o The Enterprise Mediator, qui sert à l'administration des entreprises industrielles.
- o The Design Mediator, qui est employé pour l'intégration de nouveaux modules dans le système de conception.
- o The Ressource Mediator, qui est utilisé pour la coordination des sous-systèmes d'ordonnancement.
- o The Marketing Mediator, qui est nécessaire pour l'intégration des services clientèles dans le système.

- The Ariadne system dans [21] qui est conçu pour l'intégration de l'information à partir de plusieurs sources de données hétérogènes (tels que les bases de données, les sites web et les programmes, etc.). Ariadne simplifie la formation des membres du Supply Chain en ne posant aucune contrainte sur les systèmes à intégrer. Ariadne emploie les techniques d'induction automatique pour le processus d'intégration. Il est basé sur le Médiateur d'information SIMS « Single Interface to Multiple Sources ». SIMS permet aux utilisateurs d'accéder à des données réparties sur plusieurs sources hétérogènes. Son travail consiste à : 1) déterminer le chemin le plus efficace à l'ensemble des données disponibles via

The Query Planner/Executor et 2) fournir l'accès uniforme aux sources d'information via The Wrappers. Ariadne constitue alors une version web-based de l'architecture du médiateur SIMS.

II- Les modes de gestion et de contrôle des activités du Supply Chain

L'environnement du Supply Chain est dynamique et plein d'incertitude, les opérations au niveau du Supply Chain nécessitent une collaboration en temps réel entre ses différents membres. L'exécution de ces opérations est très complexe et entraîne parfois des problèmes et des exceptions. D'où la nécessité d'avoir des processus exécutés en parallèle et en coordination avec les opérations du Supply Chain afin de les contrôler, les organiser et les renforcer dans leurs exécutions et les converger vers la satisfaction de l'objectif global du Supply Chain [48]. La supervision, la synchronisation des tâches, la négociation et la prise de décision forment ces processus de haut niveau.

II.1- La supervision

L'attitude compétitive de notre environnement actuel exige de la part des acteurs du Supply Chain un contrôle continu sur l'exécution et le bon déroulement de leurs activités afin d'obtenir des produits et des services de haute qualité et à faibles coûts. Le processus de supervision apparaît dans le rapport établi entre le superviseur et les entités supervisées. Le superviseur a la responsabilité de contrôler et de fournir des réactions correctrices pour maintenir le bon fonctionnement des opérations du Supply Chain et la qualité des produits livrés aux clients. Le processus de supervision constitue un avantage compétitif pour Supply Chain. Néanmoins, la supervision en tant que processus n'est pas suffisante pour satisfaire l'objectif du Supply Chain. Elle nécessite en plus un renforcement de l'aspect de rapport entre le superviseur et les entités supervisées.

Parmi les technologies présentées dans la littérature, qui supportent la supervision, nous citons : [36 ; 48]

- Rabelo and Spinosa (1997) ont proposé l'implémentation d'un système d'entreprise virtuelle permettant une supervision totale de tous les fournisseurs du Supply Chain via la technologie agent mobile. L'agent mobile est connecté au système du fournisseur et effectue des fonctions de supervision telles que le contrôle des machines, la fourniture des informations stockées dans la base de données locales, le déclenchement des processus de raisonnement, la négociation avec des utilisateurs ou des sous-systèmes et l'activation de la communication entre les différents acteurs du Supply Chain.

- Brugali et al (1998) ont proposé la technologie agent mobile pour l'implémentation d'un réseau de Supply Chain. Ce projet est orienté plus vers la supervision et le contrôle des opérations du Supply Chain et la coordination des problèmes au niveau stratégique et opérationnel.

- Tchikouy and Gouardères (2002) ont présenté un modèle multi agents pour le contrôle du système de production.

II.2- La synchronisation des tâches et l'ordonnancement

Les Supply Chain sont des systèmes complexes dont l'exécution est difficile à prévoir. Les tentatives de prédiction des opérations à travers un Supply Chain doivent être capables de manipuler l'incertitude dans le système et de répondre rapidement aux changements de l'environnement. Le processus d'ordonnancement a comme objectif de trouver un bon séquencement à l'exécution des opérations dans l'incertitude. L'ordonnancement inclut la planification des ressources matérielles, la synchronisation des activités de production, la planification du processus de livraison et de transport. Par conséquent, la résolution efficace du problème d'ordonnancement entraînera la satisfaction globale du Supply Chain [48]. Parmi les technologies supportant la synchronisation, nous citons comme exemples : [2 ; 33; 48]

- Sousa et Ramos (1999) ont proposé l'utilisation des systèmes multi agents pour le processus d'ordonnancement dynamique au niveau des systèmes industriels et Supply Chain. Ces systèmes permettent l'allocation dynamique des ressources aux taches appropriées.

- Caridi et Sianesi (2000) ont utilisé aussi la technologie multi agent pour l'ordonnancement des chaînes de montages. Cette nouvelle approche s'est avérée efficace et performante comparée à la technologie traditionnelle.

- Botticelli Benish, et al, (2003) ont proposé Botticeli. Ce système a pour objectif l'optimisation du processus d'ordonnancement dans le Supply Chain. Sa particularité consiste que ce système fonctionne dans l'incertitude en utilisant les techniques de programmation stochastique.

- Sauter et Parunak (1999) ont proposé l'architecture ANTS. Cette architecture utilise des techniques inspirées des comportements des institutions humaines et des colonies de fournies. Dans l'architecture ANTS, le processus d'ordonnancement se fait d'une façon incrémentale c.à.d si on est dans une situation d'un ajout d'un nouvel engagement, il est inutile de refaire l'ordonnancement dès le début.

II.3- La négociation

La négociation est une notion très utilisée dans le processus du Supply Chain. En effet, l'exécution d'une des opérations fait intervenir un ou plusieurs membres du Supply Chain. Ces membres tentent de satisfaire leurs objectifs personnels ce qui provoque des conflits stratégiques. Le processus de négociation offre dans ce sens une solution pour surmonter ces conflits et trouver un compromis entre les partenaires du Supply Chain afin de converger vers l'objectif global. Plusieurs systèmes ont été proposés dans la littérature pour gérer l'activité de négociation : [9 ; 48]

- Chen et al, (2000) ont proposé un système multi agent basé sur la négociation pour la formation d'un Supply Chain. Dans ce projet, les agents fonctionnels représentent les entreprises et leurs besoins ainsi que les conditions d'appartenance au système. Lors de l'arrivée d'une commande, le processus de négociation se déclenche entre les agents. Ce processus est modélisé par le réseau de Petri coloré.
- Chen et al, (1999) ont proposé une solution aux problèmes de communication et de prise de décision dans un environnement d'e-commerce incertain en introduisant le concept de négociation. Les agents du système multi agents proposé est capable de négocier et de modifier son comportement suivant les variations de l'environnement interne et externe du Supply Chain.

II.4- La prise de décision

L'environnement de la gestion change très rapidement et Il est désormais de plus en plus complexe et dynamique. La même constatation s'impose quant au processus décisionnel dans l'entreprise dans lequel plusieurs facteurs traduisant la complexité décrite, sont à prendre en compte par le décideur : l'accroissement des alternatives disponibles sur le marché, Les changements continus de l'environnement fluctuant et dynamique, L'incertitude dans les opérations du Supply Chain et La rapidité dans la prise de décision [38]. De même, la prise de décision a été aussi traitée dans la littérature et plusieurs technologies et systèmes ont été proposés pour la supporter : [17 ; 30 ; 34]

- The MetaMorph I de Shen et Norrie (1998) où la structure de médiateur dynamique est un système d'appui du processus décisionnel distribué pour la coordination des activités d'un système multi agents. Cette coordination implique trois phases principales : (1) la sous-gestion; (2) la création des communautés virtuelles d'agents (groupes de coordination); et (3) l'exécution des processus imposés par les tâches. Ces phases sont développées dans les groupes de coordination par des médiateurs distribués ensemble avec d'autres agents qui représentent les dispositifs physiques. Les groupes de coordination sont initialisés par des médiateurs. Ces médiateurs peuvent dynamiquement trouver et incorporer les autres agents qui contribuent à la tâche.

- Goodwin et al. (1999) ont proposé un outil de support pour les managers du Supply Chain dans le processus décisionnel et qui utilise la technologie multi agent et l'Internet.

- Qinghe et al. (2000) ont proposé un modèle de prise de décision basé sur les multi agents, le CNP « Contract Net Protocol » et les algorithmes génétiques afin de résoudre les problèmes décisionnels dans les environnements incertains et flous.

III- La configuration et la formation du Supply Chain

Dans le but de répondre rapidement aux demandes des clients et d'utiliser d'une manière efficace et efficiente les ressources de l'entreprise, il est indispensable de supporter la configuration du Supply Chain. Cette configuration est la partie la plus importante pour la satisfaction de ses objectifs. Elle englobe la recherche des partenaires qui vont former le Supply Chain, négocier des contrats, prévoir des demandes, régler les paiements et les instructions de livraison, etc. Plusieurs études et recherches ont traité la configuration et la formation du Supply Chain à savoir : [48]

- Wash et Wellman (1999) ont proposé un système qui consiste à utiliser un agent négociateur pour la formation d'un Supply Chain dans un réseau de dépendance de tâches.

- Chen et al (2000) ont proposé un système de négociation basé sur la technologie multi agents pour la formation du Supply Chain. Le processus de négociation est modélisé par le concept de CPN « Colored Petri Nets » et la résolution des conflits entre les différentes entités du Supply Chain est modélisée comme un problème de satisfaction de contraintes distribuées.

- Swaminathan et al (1998) ont proposé une structure multi agents pour la modélisation des Supply Chain dynamiques. Cette structure est utilisée par IBM pour améliorer la gestion de stock.

L'objectif de cette présente recherche est de maximiser le potentiel compétitif de l'entreprise en l'offrant une organisation informationnelle efficiente, une collaboration et une coordination efficaces entre les différents membres du Supply Chain. La solution proposée, dans le cadre du présent mémoire, est de modéliser le processus de négociation au niveau du Supply Chain en un système multi agents. Ces limites seront développées dans le chapitre suivant.

Chapitre II : La négociation dans le Supply Chain

Le Supply Chain est un processus dynamique impliquant l'existence d'un flux constant d'informations, de matériels et de fonds passant à travers plusieurs secteurs intra et extra fonctionnels situés entre les membres du Supply Chain. Chacun de ces membres tend à satisfaire son propre objectif ce qui provoque la génération d'un nombre de conflits. L'activité de négociation a pour rôle de résoudre ces conflits et de satisfaire l'objectif global au niveau du Supply Chain. Dans le présent chapitre, nous présentons, tout d'abord, le concept de négociation en général et dans le Supply Chain plus particulièrement. Ensuite, nous présentons les technologies et les études faites en ce qui concerne la partie négociation au niveau du Supply Chain. Enfin, nous conclurons ce chapitre avec une présentation du cadre de recherche en expliquant le choix de l'activité de négociation.

I- La négociation

La négociation représente l'acte de discuter une proposition entre deux ou plusieurs parties. Cette discussion tend de produire un accord commun qui satisfait plus au moins les propres intérêts de chacune des parties impliquées dans la négociation. La négociation est une notion très utilisée dans le processus du Supply Chain. En effet, l'exécution d'une des opérations fait intervenir un ou plusieurs membres du Supply Chain. Ces membres tentent de satisfaire leurs objectifs personnels ce qui provoque des conflits stratégiques. Le processus de négociation offre dans ce sens une solution pour

24

surmonter ces conflits et trouver un compromis entre les partenaires du Supply Chain afin de converger vers son objectif global [43].

L'objectif de chacun des membres du Supply Chain est de satisfaire ses propres besoins en tentant de maximiser son profit. Lors de l'arrivée d'une nouvelle commande dans le Supply Chain, tous les membres tentent de dévier le résultat de cette commande vers leurs objectifs individuels. Le processus de négociation permet de trouver un accord qui satisfait en premier lieu l'objectif global du Supply Chain et en second lieu les objectifs individuels des membres.

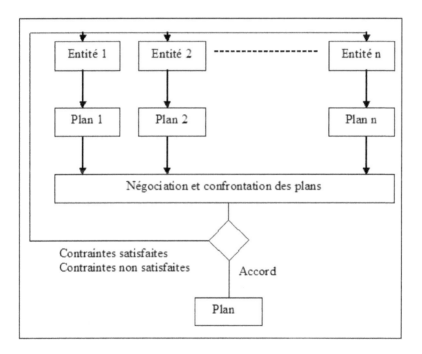

Figure 5 : Le processus de négociation

La figure 5 décrit le processus de négociation [19]. Chaque membre du Supply Chain propose un plan ou un scénario pour l'exécution de la nouvelle commande. Ces plans seront confrontés ensembles. Si l'un de ces plans satisfait plus au moins les propres objectifs de chacun des membres et surtout l'objectif global du Supply Chain, il aura un accord et la négociation est terminée. Sinon, l'ensemble des contraintes satisfaites et non satisfaites sera envoyé aux entités du Supply Chain et le processus de négociation se répétera jusqu'à avoir un accord ou un échec de la négociation.

II- Les systèmes de support

Nous présentons à présent les différents systèmes de support de l'activité de négociation dans le Supply Chain proposés dans la littérature. Ces différents systèmes ont traité les problèmes de communication, de prise de décision et d'ordonnancement des tâches au niveau du Supply Chain.

II.1- Negotiating Agents for Supply Chain Management [9]

Chen et al., (1999) dans [9] ont proposé une solution aux problèmes de communication et de prise de décision dans un environnement de e-commerce incertain en introduisant le concept de négociation. La solution proposée est un système multi agents où chacun des agents est capable de négocier et de modifier son comportement suivant les variations de l'environnement interne et externe du Supply Chain. Les auteurs ont identifié quatre principaux points qui doivent être prises en considération pour l'implantation d'un tel système négociateur :

- La communication : il faut établir une communication significative entre les différentes parties de négociation. Cette communication a besoin d'un langage commun et des protocoles de communication standardisés pour l'expression et les échanges des actes communicatifs qui forment l'activité de négociation.

- La représentation : la négociation se fait sur des objets plus au moins complexes. Elle exige une représentation commune entre les parties impliquées dans la négociation afin d'augmenter le degré de compréhension dans le système de négociation.

- La résolution du problème : les problèmes de négociation peuvent être modélisés en un problème de résolution de contraintes distribuées. Il existe une multitude d'algorithmes et de techniques de résolution de contraintes qui peuvent être utilisés pour la modélisation d'un problème de négociation.

- L'interaction humaine : le concept de négociation traditionnelle est lié à l'existence d'une organisation humaine. Le degré de cette liaison est atténué avec la naissance de nouvelles technologies informatique qui sont orientées de plus en plus vers l'automatisation.

Le système multi agents proposé pour le Supply Chain Management consiste en deux types d'agents négociateurs : des agents fonctionnels et des agents informationnels. Les agents fonctionnels représentent certaines fonctionnalités dans le Supply Chain Management. Les agents informationnels sont des agents prédéfinis dans le système. Ils aident les agents fonctionnels de trouver les partenaires potentiels pour la négociation et ils fournissent aussi d'autres services tels que l'acceptation de l'enregistrement d'un agent fonctionnel dans le système. Ces agents négociateurs (fonctionnels et informationnels) utilisent un langage de communication ACL « Agent Communication Language » pour négocier et dialoguer ensemble. Dans ce système, les agents négociateurs du système utilisent ACL du Standard FIPA « Foundation for Intelligent Physical Agents » et la coloration du réseau de Pétri comme protocole de négociation.

La figure 7 schématise le processus de traitement d'une commande au niveau du système de négociation.

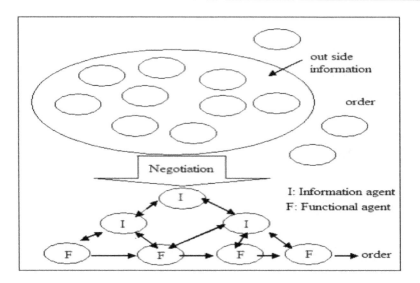

Figure 6 : le modèle de négociation d'un SCM

Ce système est modélisé en un problème de satisfaction de contraintes distribuées. Où les agents représentent les variables et les contraintes. La solution de ce problème consiste à trouver la commande qui satisfait les objectifs de tous les agents du système. Chaque agent négociateur formule sa propre solution, puis l'ensemble de ces solutions sera étudier et négocier par tous les agents négociateurs jusqu'à l'arrivée à une solution optimale commune.

II.2- A bidding decision model in multi agent Supply Chain planning[30]

Qinghe et al. (2001) dans [30] ont proposé une solution aux problèmes de prise de décision et d'ordonnancement des tâches au niveau du Supply Chain. Le système proposé est une vue formelle de la coordination en utilisant les technologies CNP « Contract Net Protocol » et GA « Genetic Algrithms ». Le CNP est employé pour modéliser les échanges de données entre les partenaires du Supply Chain nécessaires pour le traitement du processus de négociation. Ce processus se déclenche dès l'arrivée d'une nouvelle commande dans le Supply Chain, le système essaye à travers ce processus de trouver le chemin d'exécution l'optimal pour cette commande.

La figure 8 montre le processus de négociation au niveau du CNP en utilisant les quatre actes : *Temporal grant, Temporal reject, Définitive grant et definitive reject.*

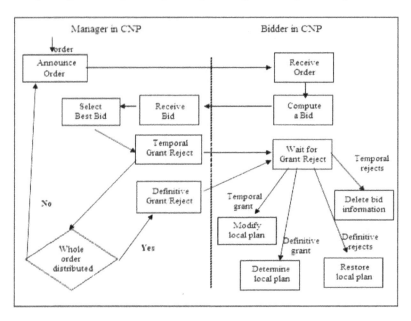

Figure 7 : le processus de négociation dans le CNP

Le rôle de l'algorithme génétique dans ce système est de garder une trace sur toutes les solutions données par les agents et de choisir la combinaison optimale qui satisfait tous les agents du système. Avec l'introduction de cette technologie, le système devient robuste et efficient. En plus le coût et le temps de calcul de la solution seront diminués.

II.3- *Compensatory negotiation for agent based project schedule optimisation and coordination : [20]*

Dans cette étude, Kim et al., (2000) ont présenté dans [20] une méthodologie formelle de négociation pour la résolution du problème d'optimisation de l'ordonnancement distribué. Cette méthodologie permet aux agents de transférer l'utilité aux autres agents du système afin de corriger les accords désavantageux et tendre vers une satisfaction individuelle raisonnable de chaque agent et une solution générale optimale.

La méthodologie formelle de négociation, énoncée dans cette étude, se présente en une fonction d'utilité. Cette fonction produit des unités d'utilité nécessaires pour les agents du système dans l'évaluation des opportunités et la prise de décision. L'utilité est représentée par une valeur réelle qui décrit la différence entre les bénéfices et les coûts des différentes alternatives proposées par les agents.

Utilité	= Bénéfice – coût
Bénéfice	= Le profit d'une tâche d'une option possible
	= {(RR – RA) – (RC – RB) * K * A
Coût	= Le Coût accumulé des tâches effectuées grâce à l'option possible
	= $\Sigma_{(i=1..n-1)}$ Coût$_i$ = 0 si n = 2
	Sinon = {(RC – RB) – (RR – RA)} * K * A + $\Sigma_{(i=1..n-2)}$ Coût$_i$

Avec RR est le besoin de ressources pour la tâche dans un temps t, RC est le besoin modifié de ressources pour la tâche dans un temps t, RA représente les ressources disponibles pour RR, RB sont les ressources disponibles pour RC, K est le ratio du coût additionnel, donné par l'utilisateur et A est l'unité de mesure du coût de la ressource.

La prise de décision sera influencée par le résultat de la fonction d'utilité. Si l'utilité d'une alternative proposée est positive alors cette alternative représente une solution éventuelle. Le processus de négociation analyse l'ensemble des solutions éventuelles et choisit la solution optimale (figure 9).

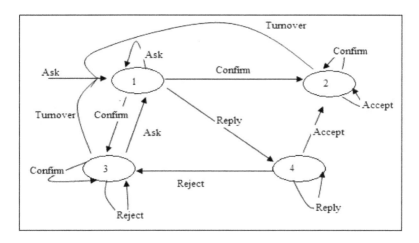

Figure 8 : Le processus de négociation

III- Le cadre de recherche

La solution que nous proposons constitue une nouvelle modélisation du processus de négociation au niveau du Supply Chain en s'inspirant des limités identifiées des autres études faites dans ce domaine. Dans cette partie, nous exposons les critères de notre choix du processus de négociation comme cadre de recherche.

III.1- Les critères du choix

Nous avons opté pour le processus de négociation au niveau des activités du Supply Chain comme le cadre de recherche vu l'intérêt croissant porté à celui-ci dans la littérature. Notre orientation vers cette activité s'explique par les limites et les problèmes observés dans les systèmes de négociation des activités du Supply Chain. La première limite identifiée est que l'exécution du processus de négociation nécessite un certain degré d'intervention humaine dans le système. Tous les systèmes étudiés sont basés sur la technologie multi agents. Cette technologie rend le Supply Chain plus intelligent vu que ses agents sont intelligents et capables de raisonner, de négocier et de résoudre des problèmes structurés. Néanmoins, cette intelligence présente des limites au niveau des environnements incertains et complexes et dans la résolution des problèmes semi et non structurés. Une autre limite constatée dans ces systèmes est que les agents négociateurs manquent de créativité. C'est-à-dire, si lors d'une négociation entre deux ou plusieurs agents, l'intersection de leurs espaces de solutions est le vide, la négociation échouera et le système ne trouvera pas d'accord ce qui provoque un arrêt dans le processus et une perte de temps [36 ; 48].

Ces limites nous orientent vers l'activité de négociation dans le Supply Chain et de réfléchir à une solution générale qui permet de surmonter ces limités.

III.2- La contribution

L'objectif de ce travail est la conception d'un système de négociation basé sur les systèmes multi agents au niveau des activités du Supply Chain dans un environnement incertain. Le système à concevoir sera capable de traiter les incertitudes dans le processus de négociation sans aucune intervention humaine. Nous essayerons d'introduire l'aspect créatif dans le modèle multi agents afin d'aboutir toujours à une solution (un accord).

Chapitre III : La Créativité

Les nouvelles exigences des clients ont imposé la naissance d'une nouvelle culture dans les entreprises. La satisfaction du client est devenue une contrainte de taille vu que ses besoins sont instables dans un environnement incertain. La créativité dans les entreprises représente la solution aux changements dans le comportement du consommateur. La créativité est constatée comme un moyen de survie et une source d'avantages concurrentiels et du développement pour l'entreprise. Ce chapitre sera dédié à la présentation du concept de la créativité. Nous présentons en détail ce concept au niveau des disciplines dont il est y afféré en général et au niveau de la discipline de l'intelligence artificielle en particulier.

I- Définitions

Dans la littérature, plusieurs définitions ont été proposées pour définir le concept de la créativité. Nous présentons, dans ce qui suit, les trois définitions de la créativité les plus citées. Ces définitions réunissent ensemble toutes les caractéristiques de ce concept [22].

I.1- Définition 1 : [Roy 1978]

La créativité est un processus intellectuel qui vise à provoquer le plus d'association possibles afin d'arriver à une nouvelle synthèse, un nouvel arrangement d'où surgiront des nouveautés conceptuelles, des stratégies inattendues, des innovations.

I.2- Définition 2 : [Demory 1990]

La créativité est une aptitude de l'individu à créer, à produire des idées neuves et réalisables, à combiner et à réorganiser des éléments.

I.3- Définition 3 : [Timbal-Duclaux 1990]

C'est l'acte de découvrir, créer, c'est voir la même chose que tout le monde et penser autrement. La créativité peut être pensée comme la qualité ou le talent qui aboutit à un résultat nouveau, utile et compréhensible.

II- La créativité au sens large

Dans cette section, nous présentons le concept de créativité dans sa forme générale puisqu'il peut être introduit dans plusieurs disciplines tels que : la philosophie, les sciences des systèmes d'information, l'intelligence artificielle et le génie logiciel. Tout d'abord, nous étudions les types de la créativité. Ensuite, son processus et enfin, les méthodes et techniques pour la supporter [39].

II.1- Les types de la créativité

Boden (1991) a déterminé deux types de créativité :

- La créativité psychologique (P-creativity) : se présente lorsqu'une personne a une idée qu'il ne pouvait pas avoir auparavant.
- La créativité historique (H-creativity) : se présente lorsque quelqu'un a idée dont elle n'est jamais enregistrée auparavant.

Des années plus tard, Boden a identifié deux nouveaux types de créativité : la créativité exploratrice (E-creativity) et la créativité transformationnelle (T-creativity). Wiggins (2003) a utilisé ces deux types de créativité dans le contexte de conception en les ajoutant un formalisme logique. Suwan et al (2000) ont ajouté la notion de créativité située (S-creativity) qui se présente quand un designer a une idée pour une tâche spécifique, qui est nouvelle dans cette situation particulière. Ces types de créativité peuvent être développés en suivant un processus de créativité.

II.2- Le processus de créativité

Lawson (1997) a décrit un modèle de cinq étapes pour le processus de créativité (figure 10).

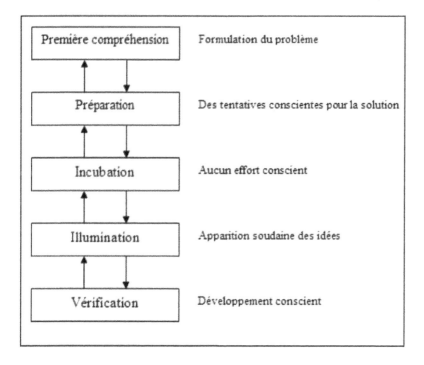

Figure 9 : Le processus de créativité - Lawson 1997

La première étape consiste à la formulation du problème. Dans la deuxième « préparation », on essaye de trouver des solutions à ce problème à partir des tentatives conscientes. Les deux étapes incubation et illumination constituent la partie créative du processus où on tend à trouver des solutions sans avoir effectuer un effort. La dernière étape représente une constitution consciente de toutes les solutions dégagées dans les étapes précédentes en donnant comme résultat la solution finale et créative.

A chaque étape de ce processus créatif, « *notre esprit manipule son matériel mental (ses connaissances, ses souvenirs ou ses émotions) en recourant à des procédés intellectuels complexes souvent conscients, logiques et rationnels mais aussi parfois flous, intuitifs et inconscients* » [8].

II.3- Les méthodes et les techniques de créativité

Les méthodes de créativité représentent les outils nécessaires pour le développement d'une solution créative. On distingue quatre familles de méthodes de créativité : les méthodes analogiques, les méthodes combinatoires, les méthodes associatives et les méthodes oniriques [6 ; 8]

II.3.1- Les méthodes analogiques

Ces méthodes consistent à fonder des idées en cherchant des points communs ou des différences entre plusieurs contextes afin de nous familiariser face au problème posé. Ces analogies sont fondées sur nos propres connaissances. Par exemples, les dents d'un peigne, le pied d'une table, etc. Gordon et Prince ont proposé une typologie de ces méthodes analogiques en quatre catégories :

- L'analogie directe : elle consiste à comparer les caractéristiques de l'objet de recherche avec les éléments d'un objet apparenté. L'analogie est généralement basée sur des ressemblances physiques.

- L'analogie symbolique : elle consiste à remplacer les caractéristiques de l'objet de recherche par des images et des symboles afin de simplifier sa représentation.

- L'analogie fantastique : elle consiste à transporter des attributs d'un objet d'un contexte qui n'a aucun rapport avec le sujet de recherche.

- L'analogie personnelle : elle repose sur le phénomène d'identification du chercheur à son problème. Par exemple, le cas d'Archimède et son invention dans son bain.

II.3.2- Les méthodes combinatoires

Les méthodes combinatoires consistent à décomposer l'objet de recherche en des petites unités. La recherche se fait séparément. Chaque unité est conçue indépendamment des autres unités de l'objet. Puis on recombine les unités produites d'une manière systématique ou aléatoire. Les méthodes combinatoires sont divisées en quatre catégories : l'analyse de la valeur, le concassage, l'analyse défectuologique, l'analyse morphologique et la matrice de la découverte.

II.3.3- Les méthodes associatives

Les méthodes associatives consistent à mieux percevoir le champ de références ouvert par l'énoncé d'un mot ou d'un concept pour effectuer des rapprochements entre plusieurs objets ou idées. Parmi les méthodes associatives, nous citons comme exemples le brainstorming, l'association forcée et la carte mentale.

II.3.4- Les méthodes oniriques

Ces méthodes consistent à la description et la formalisation des actions inconscientes qui se produisent pendant la phase d'incubation du processus de créativité. Le terme onirique est pris du mot grec « oniros » qui veut dire le rêve. Par définition, le rêve mobilise des ressources inconscientes qui seront en général oubliées ou observées sous une forme illogique. Ces ressources peuvent être exploitées pour développer des solutions créatives. Le but des méthodes oniriques qui sont l'identification et la relaxation est de libérer la personne de toutes les contraintes et les limites rationnelles. Les idées dégagées seront ensuite décodées et transformées en des idées opérationnelles.

III- La créativité intelligente

L'avènement de l'informatique et des nouvelles technologies de communication a aidé les entreprises à surmonter, de la manière la plus efficace et la plus efficiente, la majorité de leurs problèmes. Le rythme de variation accélérée de l'environnement et son incertitude présentent les deux contraintes de taille encore remarquées au niveau des entreprises. En effet, les modifications apportées aux systèmes informatiques de l'entreprise seront de plus en plus fréquentes et la plupart d'entre elles sont imprévisibles lors du développement de ces systèmes. De plus, il est coûteux d'arrêter puis de redémarrer ces systèmes pour une simple mise à jour. C'est dans ce contexte que s'inscrit le concept de la créativité intelligente qui présente une solution à ces problèmes. La créativité offre dans ce sens la capacité d'évolution et de modification dynamique des systèmes informatiques de l'entreprise. Le concept de créativité est lié directement à la technologie multi agents afin de modéliser des agents intelligents adaptifs. Il existe deux types de solutions pour la réalisation de tels agents :

- Chaque agent gère son processus d'auto-modification tout seul. Ce processus doit être créatif.
- L'existence d'un agent créateur qui gère le côté créatif des processus d'auto-modification des agents du système.

III.1- Les recherches reliées à la créativité intelligente

Les recherches faites sur la créativité des systèmes demeurent à un stade embryonnaire. Le concept de la créativité a attiré l'attention de plusieurs chercheurs dans les domaines d'intelligence artificielle et de conception. Goel (1997) a montré que la créativité dans la conception est atteinte en suivant des étapes. Le processus de conception évolue d'un niveau ordinaire, ensuite innovateur jusqu'à arriver au niveau créatif. Doest et Cross (2001) ont affirmé que la créativité de la conception est influencée par le problème et le contexte de la conception et les ressources disponibles. Ils ont montré qu'une bonne définition du problème de la conception représente un aspect clé pour la créativité. Finke et al (1992) ont présenté le modèle Geneplore, dont le noyau est une interaction entre des processus génératifs et des processus de recherches. Ram et al (1995) ont défini les cinq aspects de la pensée : le mécanisme d'inférence, la source de connaissance, les tâches, la situation et la stratégie. Shneiderman (2002) a établi une structure pour le travail créateur, consistant en quatre activités : l'activité de collection, l'activité de relation, l'activité de création et l'activité de donation. Santanen et al (2002) ont décrit le modèle de réseau cognitif de créativité. Pham et al. (2004) ont proposé un modèle sur l'adaptation dynamique des systèmes multi agents basée sur le concept de méta-CATN « Coupled Agmented Transition Network ». Le modèle proposé est basé le formalisme CATN et l'approche meta-modèle.

III.2- Les besoins de la créativité

Le développement de la créativité des systèmes commence dès la phase de la conception. Les systèmes créatifs doivent capables : [39]

1) D'interagir avec son environnement,
2) d'apprendre des résultats des cas antérieurs et
3) d'auto-organiser au niveau du son plan, son exécution, son contrôle, etc.

La figure 11 schématise les trois besoins nécessaires pour la satisfaction de l'aspect créatif des systèmes informatiques.

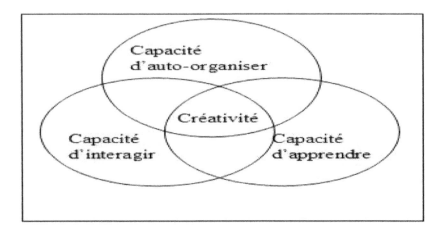

Figure 10 : Les trois besoins de la créativité

Dans ce présent chapitre, nous avons introduit le concept de créativité ainsi que toutes ses caractéristiques. Nous remarquons que la créativité et la technologie multi agents sont très liées. Elles sont complémentaires. L'union de ces deux technologies forme l'outil adéquat pour remplacer l'intervention humaine dans les processus qui demandent des réflexions et une prise de décision instantanée. Les systèmes multi agents créatifs offrent, dans ce sens, une solution dans le cas où l'intersection des ensembles de solutions des parties négociatrices est le vide.

Chapitre IV : L'étude des multi agents et de leurs plateformes

L'intervention humaine dans les processus élémentaires au sein de l'entreprise représente une source de diminution de la performance ainsi qu'une perte temps. Actuellement, les orientations des chercheurs sont plus dans le sens de la diminution et l'élimination totale de l'intervention humaine dans ces processus élémentaires. Les multi agents présentent l'un des outils adéquats pour la satisfaction de cet objectif. En effet, ils permettent grâce à leurs agents intelligents d'offrir un aspect d'automatisation au niveau des opérations inclus dans le Supply Chain.

Le présent chapitre est réparti en deux grandes sections. La première section consiste à une introduction générale à la technologie multi agents. La deuxième section est consacrée à l'étude de quatre plateformes Multi agents (Jade, Zeus, AgentTool et MadKit) et au choix d'une de ces plateformes nécessaire pour le développement du système à proposer.

Section I : La technologie Multi agents

L'évolution continue de l'environnement a entraîné la naissance de nouveaux besoins applicatifs chez l'entreprise tels que (l'hétérogénéité, l'autonomie, la flexibilité, la coopération, etc.). Ces nouveaux besoins ont imposé un changement radical dans la

---

41

culture et l'organisation de l'entreprise en général et du Supply Chain. La technologie multi agents présente l'outil adéquat pour Supply Chain pour satisfaire les besoins cités ci-dessus. L'objectif de la présente section est d'exposer la technologie multi agents et elle est répartie en les parties suivantes :

- Les définitions des termes « agent » et « système multi agents ».
- L'historique de la technologie Multi agents.
- Les écoles multi agents.
- Les architectures des agents,
- Les méthodes de coopération des agents.
- Et finalement, les avantages et des inconvénients des systèmes multi agents.

I- Les définitions des termes « agent » et «système multi-agents»

Nous définissons à présent les termes « agent » et « système multi agents ». Ces définitions sont données par différents chercheurs [25 ; 26 ; 31]

I.1- Définitions d'un agent

Une liste non exhaustive de trois définitions d'un agent est proposée. Ces définitions sont respectivement déterminées par Ferber (1995), Demazean (1996) et Wooldridge (1998).

I.1.1- Définition 1 (Ferber, 95)

On appelle agent une entité physique ou virtuelle qui :

1- est capable d'agir dans un environnement,
2- peut communiquer directement avec d'autres agents,
3- est mue par un ensemble de tendances (objectifs individuels, fonction de satisfaction ou de survie à optimiser),

42

4- possède des ressources propres,

5- est capable de percevoir son environnement,

6- ne dispose que d'une représentation partielle de cet environnement (et éventuellement aucune),

7- possède des comportements et offre des services,

8- peut éventuellement se reproduire

9- et dont le comportement tend à satisfaire ses objectifs, en tenant compte des ressources et des compétences dont elle dispose et en fonction de sa perception de ses représentations et des communications qu'elle reçoit.

I.1.2- Définition 2 (Demazean, 96)

Un agent est une entité réelle ou virtuelle dont le comportement est autonome, évoluant dans un environnement, capable de le percevoir, d'y agir dessus et d'interagir avec les autres agents.

I.1.3- Définition 3 (Wooldridge, 98)

Un agent est un système informatique capable d'agir de manière autonome et flexible dans un environnement. La flexibilité signifie : réactivité, pro-activité et capacité sociale.

I.2- Définition d'un système multi agents - SMA

Trois définitions d'un système multi agents sont proposées dans ce sens et qui sont formulées respectivement par Ferber (1995) (deux définitions) et Wooldridge (1998) [25 ; 26]

I.2.1- Définition 1 (Ferber, 95)

On appelle un système Multi agents un système composé des éléments suivants :

1- Un environnement E, c'est-à-dire un espace disposant généralement d'une métrique.

2- Un ensemble d'objets O qui sont situés, c'est-à-dire qui ont une position dans E à un instant donné. Ces objets sont passifs, c'est-à-dire qu'ils peuvent être perçus, créés, détruits et modifiés par les agents.

3- Un ensemble d'agents A qui représentent les entités actives du système.

4- Un ensemble de relations R qui unissent les agents entre eux.

5- Un ensemble d'opérations Op permettant aux agents de percevoir, produire, consommer, transformer et manipuler des objets de O.

6- Des opérateurs chargés de représenter l'application de ces opérations et la réaction du monde à cette tentative de modification. Ces opérateurs sont aussi appelés lois de l'univers.

I.2.2- Définition 2 (Ferber, 95)

On appelle système Multi agents purement communicants un système Multi agents où A = O et E est égal à l'ensemble vide. Dans ce cas, les relations R définissent un réseau : chaque agent est lié à un ensemble d'autres agents, que l'on appelle ses accointances.

I.2.3- Définition 3 (Demazean, 96)

L'approche voyelle de Demazean analyse et conçoit un système Multi agents à travers quatre dimensions :

1- La dimension 'Agent' : La dimension agent est composée d'éléments définissant les entités agissantes (architecture interne, représentation des connaissances, etc.).

2- La dimension 'Environnement' : La dimension environnement est composée d'un ensemble éléments destinés à structurer les interactions entre les entités externes communes (perception, action, dynamique de l'environnement, etc.).

3- La dimension 'Interaction' : La dimension interaction représente les éléments destinés à structurer les interaction entres les agents (les langages de communication entre les agents, les protocoles d'interaction, etc.).

4- La dimension 'Organisation' : La dimension organisation est composée d'éléments utilisés pour structurer les agents (la structure organisationnelle, la relation de dépendance, la dynamique de l'organisation, etc.).

II- L'historique de la technologie Multi agents

Au début des années 80, la technologie Multi agents était limitée au domaine de l'intelligence artificielle et plus précisément à la discipline de l'intelligence artificielle distribuée. Cette technologie est basée sur l'architecture de tableau noir et des acteurs. Plusieurs travaux ont été fondés sur ces architectures tels que : [26]

- le *Hearsay II* (architecture de tableau noir pour la reconnaissance de la parole 1973),
- le *langage Acteur* (message comme structures de contrôle 1973), le *Beings* (1975),
- le *Society Minds* (1978) (interaction de comportements simples qui conduit à des comportements complexes), 1
- le *Contract Net* (contrôle hiérarchique décentralisé 1980), DVMT (contrôle du trafic routier basé sur l'interprétation distribuée 1984),
- et MACE (1987).

Dans les années 90, la notion d'agent s'élargit et en 1995 tout est modélisé en agent et la technologie agent n'est plus limitée.

III- Les écoles Multi agents

Les SMA appartiennent à deux approches différentes : une approche sociale et une approche biologique qui ont donné naissance à deux écoles : l'école cognitive et l'école réactive. [26 ; 31]

III.1- L'école cognitive

L'école cognitive perçoit les SMA comme une organisation sociale de petite taille. Un SMA social est composé d'un petit nombre d'agents (10 à 20 agents) hétérogènes et autonomes. Chaque agent (figure 12) a sa propre représentation explicite de l'environnement et des autres agents. Il dispose d'une base de connaissances qui comprend l'ensemble des informations et des savoirs faire nécessaires pour la réalisation de sa tâche.

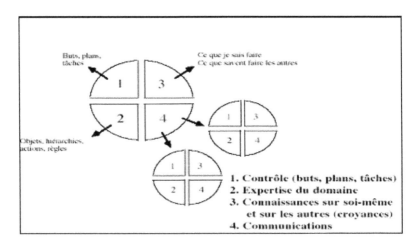

Figure 11 : L'agent cognitif

Ce type d'agent est dit « intentionnel » c'est-à-dire qu'il possède des objectifs et des plans d'exécution explicites. Un agent cognitif tient compte de son passé, il est capable

46

de mémoriser des situations, dans sa base de connaissances, de les analyser et d'en tirer des conduites et des actions pour des éventuels évènements de même type. Il s'adapte rapidement avec son environnement, sa capacité d'anticipation et de planification qui lui permet d'optimiser son comportement et son exécution.

III.2- L'école réactive

L'école réactive qualifie les systèmes multi agents de systèmes biologiques. Les systèmes multi agents biologiques sont composés d'un grand nombre d'agents (>100) homogènes. Les agents réactifs n'ont aucune représentation explicite de l'environnement. Ils sont dotés d'un comportement de type stimulus réponse, ils ne possèdent pas de buts ou de plans explicites et leurs connaissances sont limitées puisqu'elles ne sont fondées que sur des perceptions. Un agent réactif n'est pas capable de résoudre les problèmes individuellement.

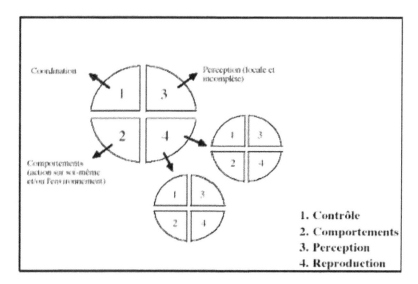

Figure 12 : L'agent réactif

47

L'école réactive soutient l'idée que les agents ne doivent pas nécessairement être intelligents pour que le système global le soit. La force d'un système biologique réside dans la capacité du travail en groupe.

IV- Les architectures des agents

L'architecture de l'agent décrit son organisation interne indépendamment de son environnement et des autres agents du SMA. Il n'existe pas d'architecture générique pour modéliser un agent. L'architecture d'un agent doit être ajustée avec le type d'agent utilisé réactif ou cognitif. Dans cette partie, nous citons trois architectures dans la littérature et qui sont l'architecture *Subsumption*, l'architecture du tableau noir et l'architecture *Touring Machine* que nous explicitons ci-dessous [3; 25 ; 26].

IV.1- L'architecture Subsumption (Brook, 86)

L'architecture Subsumption (figure 14) est une architecture modulaire adéquate pour les agents réactifs.

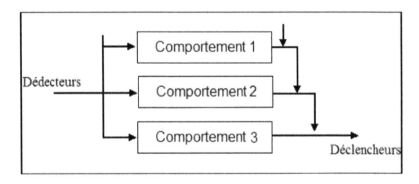

Figure 13 : L'architecture Subsumption

L'architecture Subsumption décompose l'agent en un ensemble de modules disposés de manière verticale. Chaque module est responsable d'un type de comportement. Les modules dans l'architecture Subsumption effectuent leurs tâches en parallèle avec un choix arbitraire du module dominant. En cas de conflit, seul les résultats du module dominant seront pris en compte.

IV.2- L'architecture de tableau noir

L'architecture de tableau noir est l'architecture (1973) la plus ancienne et la plus utilisée dans la pratique (figure 15).

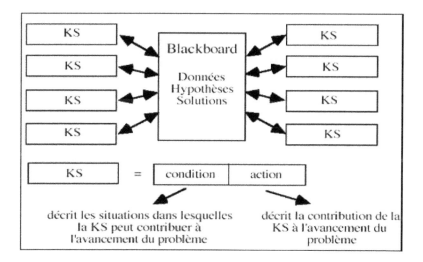

Figure 14 : Le Tableau noir

Cette architecture décompose l'agent en plusieurs modules indépendants regroupant des informations homogènes. Ces modules appelés KS « Knowledge sources » communiquent ensemble par l'intermédiaire du tableau noir qui représente un espace de recherche partagé où s'inscrivent les résultats obtenus par les modules KS.

IV.3- L'architecture Touring Machine (Ferguson, 94)

Le Touring Machine est une architecture utilisée pour les environnements dynamiques. Elle est composée de trois couches productives : la couche réactive, la couche de planification et la couche de modélisation. Chaque couche produit un ensemble de suggestions concernant les actions que l'agent doit exécuter.

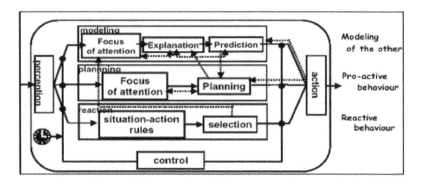

Figure 15 : Touring Machine

Comme l'illustre la figure 16, la couche réactive est constituée d'une base de règles d'association nécessaires pour la production du comportement réactif de l'agent. La couche de modélisation est ouverte à l'environnement externe de l'agent afin de mettre à jour son comportement et ses objectifs. Ces trois couches sont contrôlées par un système de contrôle qui décide quelle couche devra être activée.

V- Les méthodes de coopération des agents

Un SMA est un ensemble d'agents interagissant dans un environnement commun. Ces agents travaillent en coopération afin de satisfaire l'objectif global du système. Il existe plusieurs méthodes de coopération qui sont : la communication, la collaboration, la

---

coordination et la négociation. Celles-ci supportent les agents dans la réalisation de leurs objectifs. [26 ; 31]

V.1- La communication

La communication représente le moyen de liaison entre les différents agents d'un SMA. Elle permet d'amplifier la capacité de perception des agents en bénéficiant des connaissances et du savoir-faire des autres agents. La communication est caractérisée par les agents qu'elle implique (Humain ou artificielle), son mode et les modifications qu'elle induit. Le mode d'échange de l'information au niveau de la communication est de deux types :

1- Le mode direct : La communication directe ou explicite est réalisée volontairement par un échange émis d'un individu en direction d'un autre individu ou d'un groupe d'individus. La communication directe peut être une communication de partage de l'information c'est-à-dire que les agents lisent et déposent des informations sur une zone de données communes (exemple tableau noir), par une communication par envoi de messages d'une manière point à point ou par diffusion.

2- Le mode indirect : Dans ce type de communication, les agents laissent des traces (signaux) de leur présence et leur action. L'environnement propage ces signaux qui seront perçus par les autres agents du SMA.

V.2- La collaboration / La coopération

Deux agents sont dits en situation de coopération ou de collaboration lorsque au moins les deux conditions suivantes sont satisfaites : 1) ils poursuivent chacun des buts qui peuvent entrer en interférence, soit au niveau des résultats, soit au niveau des procédures c'est-à-dire qu'il existe une relation de dépendance physique (ressource) ou sociale entre ces deux agents et 2) ils font en sorte de traiter ces interférences pour que les activités de chacun soient réalisées de façon à faciliter la réalisation de celles de l'autre ou la réalisation de la tâche commune si elle existe. On distingue trois types de coopération :

- *La coopération confrontative* : la tâche est exécutée par plusieurs agents de spécialités différentes travaillant de manière concurrente sur le même ensemble de données, le résultat étant obtenu par fusion.

- • *La coopération augmentative* : la tâche est répartie sur une collection d'agents similaires travaillant de manière concurrente sur des sous-ensembles disjoint de données, la solution étant obtenue sous la forme d'un ensemble de solutions locales.

- *La coopération intégrative* : la tâche est décomposée en des sous-tâches accomplies par des agents de spécialités différentes et travaillants de manière coordonnée, la solution étant obtenu au terme de leur exécution.

V.3- La coordination

Cette activité sert à planifier et à coordonner les actions de plusieurs agents de telle sorte que leur but commun soit atteint. On différencie deux modes de coordination : la coordination centralisée et la coordination distribuée. Le premier mode consiste en l'existence d'un processus centralisateur qui réalise les plans d'exécution des tâches de chaque agent et gère les conflits. Cette méthode permet de maintenir une cohérence au niveau du SMA. Le deuxième mode admet que chaque agent produit des plans partiels d'exécution. Ces plans seront envoyés à un coordinateur afin d'éviter la formation des conflits. Dans ce mode distribué, les agents utilisent quatre types de coordination :

- *la coordination par synchronisation* : il s'agit de définir la façon dont s'enchaînent les actions afin d'éviter les conflits potentiels;

- *la coordination par planification* : il s'agit de choisir parmi l'ensemble des plans partiels envoyés par les agents celui à exécuter;
- *la coordination réactive* : la coordination se fait au cours du traitement;
- *la coordination par réglementation* : ce type est basé sur un ensemble de règles de comportement permettant d'éviter les conflits.

V.4- La négociation

La négociation représente une des solutions utilisées au niveau des SMA pour la résolution des conflits. On distingue deux grandes catégories de négociation :

1. La négociation par compromis : chacune des deux parties exprime ses contraintes et relâche les contraintes les moins importantes. Il y a accord lorsque toutes les contraintes des deux parties sont satisfaites.
2. La négociation intégrante : dans ce type de négociation, les deux parties changent leur but et cherchent à identifier les buts essentiels. Il y a accord lorsque la solution trouvée satisfait complètement ces nouveaux buts.

La structure de la négociation entre un agent A et un agent B est illustrée par la figure 17. L'agent négociateur A élabore une proposition et l'envoi à l'agent négociateur B. ce dernier évalue cette proposition et calcule son degré de satisfaction. Si ce degré atteint le seuil d'acceptation, l'agent B envoie à l'agent A un message d'accord. Sinon, il élabore à son tour une contre-proposition en fonction de ses propres objectifs et de ses propres contraintes. Le processus de négociation se refait avec un changement des rôles des deux agents négociateur jusqu'à l'arrivée à une solution.

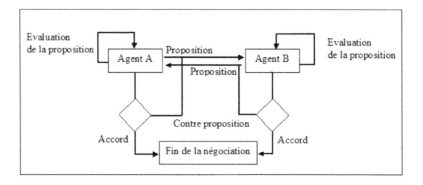

Figure 16 : Le modèle de négociation

VI- Les avantages et les inconvénients des systèmes multi agents

La technologie multi agents, comme toutes les technologies informatiques, présente un ensemble d'avantages et d'inconvénients. Nous essayons, dans ce qui suit, d'exposer les avantages et les inconvénients de l'utilisation des systèmes multi agents afin d'exploiter au mieux cette technologie dans la réalisation de notre futur système. [1 ; 25 ; 48]

VI.1- Les avantages des systèmes multi agents

Les systèmes multi agents représentent la technologie adéquate pour supporter les environnements industriels distribués, décentralisés, modifiables. La technologie multi agents satisfait les exigences des systèmes industriels actuels tels que :

- L'autonomie : l'agent peut effectuer des tâches sans aucune intervention directe des entités externes. Il possède un degré de contrôle sur son comportement.
- La coopération : l'agent interagit avec d'autres agents dans le but d'accomplir l'objectif global du SMA.
- La réactivité et la proactivité : l'agent perçoit son environnement et s'adapte rapidement à ses changements.

La technologie multi agents favorise en plus et satisfait les principaux attributs de qualités d'un logiciel à savoir : la modularité, la fiabilité, la réutilisabilité, l'interopérabilité, etc.

VI.2- Les inconvénients des systèmes multi agents

La technologie multi agents présente un certain nombre de problèmes et limites à savoir:

- L'aspect distribué de l'agent : la résolution du problème est faite d'une manière partielle et non pas d'une façon globale. La solution n'est pas toujours optimale lors de l'intégration des sous solutions.

- L'inexistence d'aucune perspective globale : le SMA ne possède pas une perspective globale puisque chaque agent y a sa propre perspective et son propre objectif.

- Les problèmes de communication et d'ontologie : il faut standardiser la sémantique et la syntaxe au niveau des messages échangés entre les agents d'un SMA.

- Les problèmes d'intégration : les anciens systèmes ne sont pas conçus pour communiquer avec des SMA. L'intégration des SMA avec ces systèmes demeure complexe et difficile.

Dans la section qui suit, nous essayons d'étudier et analyser les différentes plateformes multi agents. Ensuite, nous choisissons la plateforme qui sera l'environnement de développement de notre système.

Section II : Les plateformes Multi agents

Une plateforme multi agents est une infrastructure de logiciels utilisée comme un environnement de déploiement et d'exécution des agents. Elle est nécessaire dans le développement de notre système afin que ce dernier soit conforme aux standards et aux normes utilisées dans la recherche actuelle. Il existe plusieurs plateformes multi agents tels que JADE, Zeus, AgentTool, MadKit, Jack, AgentBuilder, COBRA, concordia, FIPA-OS, Guest, Voyager et d'autres encore. Ces plateformes ont le même but est de supporter le développement d'un système multi agents en s'assurant de la satisfaction des attributs de qualité. Néanmoins, il existe une différence entre les caractéristiques de chacune de ces plateformes. Dans cette section, nous évaluons quatre plateformes multi agent (JADE, Zeus, AgentTool et MadKit) en se basant sur les critères de choix à savoir la documentation, la complexité, la disponibles des supports, l'utilisation des standards et les aspects « open source » & « Free ». Nous choisissons aussi la plateforme la plus performante et la plus adéquate pour le développement de notre système [1 ; 7 ; 32].

I- Plateforme I : AgentTool

La plateforme AgentTool est développée au sein de l'université de Kansas. Elle est écrite en Java version 1.2. Elle utilise la méthodologie MASE « Multi Agent Systems Engineering » [7 ; 13].

1. **L'open source & Free :** La plateforme AgentTool est open source. Le téléchargement de la plateforme AgentTool est gratuit pour la recherche et l'utilisation académique. Une copie d'AgentTool est disponible sur le site : http://www.cis.ksu.edu/~sdeloach/ai/downloadagentool.htm

2. **La documentation :** La plateforme AgentTool offre de la documentation pour supporter l'utilisateur au niveau de l'installation et l'utilisation de la plateforme.

3. **La complexité :** La plateforme AgentTool est une plateforme simple à utiliser. L'utilisateur d'AgentTool est supporté dans toutes les phases de conception d'un système multi agents.

4. **La disponibilité des supports :** La plateforme AgentTool permet de générer automatiquement plus que 90% du code de l'agent. Cette plateforme utilise le processus MaSE dans le développement des systèmes multi agents. L'utilisateur est guidé et supporter dans toute les phases de conception de son système multi agents. AgentTool facilite intégration des données de ces phases. La plateforme AgentTool permet un passage semi-automatique de la phase d'analyse à la phase de conception.

5. **L'utilisation des standards :** La plateforme AgentTool est une plateforme muti agents Java. Elle utilise tous les standards disponibles dans la programmation Java.

II- Plateforme II : JADE

La plateforme JADE « **J**ava **A**gent **D**evelopment **F**ramework » conçue et développée par Tilab « the Telecom Italia R&D center », est un middleware qui vise à supporter le développement des applications basées sur l'approche Peer-to-Peer conforment aux standards FIPA. JADE est open source et elle est écrite en Java. Elle inclut deux principaux produits : 1) FIPA-compliant agent plateform et 2) des packages pour développer des agents Java. JADE permet le développement des systèmes capables de travailler d'une manière proactive, de communiquer et de négocier avec d'autres systèmes et de coordonner dans le but de résoudre des problèmes complexes d'une manière distribuée. [7 ; 42]

1. **L'open source & Free :** La plateforme JADE est une plateforme open source. Elle est accessible pour le téléchargement gratuit. On peut se procurer une copie de la plateforme JADE sur le site : http://jade.tilab.com/download.php.

2. **La documentation :** La plateforme JADE est bien documentée. La documentation fournie offre une description précise et détaillée de la plateforme

JADE allant de la définition de l'ontologie jusqu'à la programmation, l'administration et la sécurité. Nous citons comme exemples : «Application-defined content language and ontologies », « JADE security guide », JADE programmer's guide », « JADE administrtor's guide », etc.

3. **La complexité :** L'utilisation de la plateforme JADE nécessite de la part du programmeur une certaine connaissance du langage Java (les threads, JVM, etc.).

4. **La disponibilité des supports :** La plateforme JADE offre un ensemble d'agents prédéfinis afin de supporter le programmeur dans le développement de son système multi agents (The Dummy Agent, The Sniffer Agent et The Introspector Agent). The Dummy Agent est un outil simple à utiliser, il permet le contrôle les échanges de messages entre les différents agents du système multi agents. Il facilite la validation de l'interface de l'agent avant son intégration dans le système multi agents. The Sniffer Agent permet d'établir la traçabilité des messages échangés dans JADE. The Introspector Agent permet le contrôle du cycle de vie de l'exécution des agents du système multi agents.

5. **L'utilisation des standards :** L'objectif de JADE est de simplifier le développement des systèmes multi agents en assurant la conformité avec les spécifications du standard FIPA « Foundation for Intelligent Physical Agents ». La Plate-forme d'Agent de JADE est compilée avec les spécifications FIPA et elle inclut tous les composants obligatoires nécessaires pour la gestion la plate-forme à savoir l'ACC « Agent Communication Channel », L'AMS « Agent Management System » et le DF « Directory Facilitator ». Le FIPA ACL « Agent Communication Language » est le langage utilisé pour la représentation des messages.

III- Plateforme III : MadKit

La plateforme MadKit « Multi-Agent Development Kit » est développée par Olivier gutknecht et Jacques ferber dans LIRMM lab « Laboratoire d'Informatique, de Robotique et de Microélectronique de Montpellier ». MadKit est une plateforme multi agents Java basée sur le modèle organisationnel Aalaadin [7 ; 32 ; 44].

1. **L'open source & Free :** La plateforme MadKit n'est pas une plateforme open source. Le téléchargement de cette plateforme est gratuit que pour une utilisation éducationnelle. Il est difficile de se procurer une copie de MadKit.

2. **La documentation :** La documentation de la plateforme MadKit est une documentation faible par rapport aux deux plateformes JADE et AgentTool. Elle n'est pas disponible et il est difficile de se la procurer.

3. **La complexité :** La plateforme MadKit n'est pas une plateforme complexe. N'importe quel programmeur peut implémenter son propre agent. Le seul inconvénient est que la construction des agents complexes nécessite une masse importante de lignes de code.

4. **La disponibilité des supports :** La plateforme MadKit reste parmi les plateformes multi agents les plus pauvres concernant les outils de support. Il n'existe aucune méthode d'analyse associée à MadKit. Le modèle Aalaadin est utilisé pour guider la phase de conception mais aucun support logiciel n'est fourni. On peut utiliser la console G-box pour simplifier la phase de déploiement. G-box permet une configuration dynamique des agents.

5. **L'utilisation des standards :** La plateforme MaKit est une plateforme multi agents Java. MadKit représente un ensemble de packages de classes Java. Elle utilise tous les standards disponibles dans la programmation Java.

IV- Plateforme IV : Zeus

La plateforme Zeus est développée par Agent Research Programme of the British Telecom Intelligent Research Lab. Zeus est un logiciel open source. Cette plateforme représente un environnement intégré utilisé pour la construction et le développement rapide des applications d'agents collaborateurs [7 ; 10 ; 32 ; 37].

1. **L'open source & Free :** La plateforme Zeus est une plateforme open source. Elle est accessible pour le téléchargement gratuit. Nous pouvons obtenir une copie de la plateforme Zeus sur le site : http://innovate.bt.com/projects/agents /zeus/download.html.

2. **La documentation :** La plateforme Zeus est bien documentée. Elle dispose d'une documentation détaillée sur sa méthodologie « The Zeus Agent Building Toolkit ». Cette documentation est composée de quatre parties. Elle supporte l'utilisateur de la plateforme Zeus de l'installation jusqu'à l'exécution en lui offrant une description précise sur tous les composants et les outils disponibles dans Zeus.

3. **La complexité :** La plateforme Zeus reste parmi les plateformes multi agents les plus difficiles à utiliser et à gérer. Néanmoins, elle fournit un bénéfice productif et un avantage compétitif dans le cas où elle est bien gérée.

4. **La disponibilité des supports :** La plateforme Zeus offre un ensemble d'outil de supports destinés à assister l'utilisateur dans les quatre phases de conception de son système (la phase d'analyse, la phase de conception, la phase de développement et la phase de déploiement) et dans la construction de ses agents. Dans la phase d'analyse, il n'existe pas d'outils logiciels pour la supporter et on dispose que de la méthode UML pour la modélisation des agents. Les autres phases sont toutes supportées par des outils logiciels. Ces outils représentent des agents prédéfinis dans les bibliothèques de Zeus. La plateforme Zeus contient

trois bibliothèques : Utility Agents, Agent Building Tool et Agent Component Library. Les supports de la plateforme facilitent l'intégration de toutes les phases de conception d'un SMA dans la plateforme Zeus.

5. **L'utilisation des standards :** La plateforme Zeus a une certification ISO 9001 :2000 sur la qualité des standards utilisés.

V- La plateforme retenue

Le tableau suivant représente une récapitulation de l'étude des plateformes multi agents présentées ci-dessus (AgentTool, JADE, MadKit et Zeus). Il illustre les valeurs qualitatives des critères que nous avons choisis pour analyser ces quatre plateformes.

Tableau 1 : La synthèse de l'étude des plateformes

	Open source free	Documentation	Complexité	Disponibilité	Utilisation des standards
AgentTool	2	3	1	3	3
Jade	3	3	2	2	3
MadKit	2	2	2	1	2
Zeus	3	3	3	2	3

1 : **Bonne ; 2 : Moyenne ; 3 : faible**

Le choix de la plateforme peut être développé à partir de deux points de vue : un point de vue méthodologique et un point de vue technique. Du point de vue méthodologique, nous constatons que la plateforme AgentTool est favorable vu que cette plateforme représente une implémentation de la méthodologie de conception MaSE. Du point de vue technique, la plateforme AgentTool représente aussi la plateforme la plus favorable vu qu'elle offre plus que 90% de code généré automatique. Elle supporte tous les niveaux de conception.

A la lumière de l'analyse entreprise sur quatre plateformes multi agents, nous choisissons la plateforme de développement AgentTool comme plateforme multi agents pour le développement de notre système multi agents.

Au vu de cette première partie, nous avons pu présenter et expliquer, en détail, l'ensemble des technologies de base utilisées pour la conception et la réalisation du système multi agents créatif pour l'automatisation de l'activité de négociation dans le Supply Chain.

Nous procédons, dans la deuxième partie, à la conception et la réalisation du système multi agents. Nous adoptons la méthodologie MaSE « Multi agents System Engineering » comme méthodologie de conception pour la conception de notre système. La deuxième partie sera divisée en deux chapitres exposant les deux phases du MaSE :

- La première étape *« La phase d'analyse »* où les principaux objectifs du système sont énumérés, les cas d'utilisation et les rôles sont définis.
- La deuxième étape *« La phase de conception »* où les classes d'agents et l'ensemble des conversations entre ces agents sont établis ainsi que l'architecture de déploiement du système.

Chapitre V : La phase d'analyse

L'objectif de la phase d'analyse dans la méthodologie MaSE est la production un jeu de rôles dont les tâches décrivent ce que le système doit faire pour satisfaire ses exigences complètes. Les rôles dans le MaSE sont analogues aux rôles réalisés par les acteurs ou les membres d'une organisation au sein d'une entreprise. Chaque rôle défini décrit une entité qui exécute quelques fonctions dans le système. La phase d'analyse consiste en trois étapes : la capture des objectifs, l'application des cas d'utilisation et le raffinement des rôles. Dans ce présent chapitre, nous présentons tout d'abord, le contexte du futur système à savoir ses principaux objectifs, ses besoins fonctionnels, ses besoins non fonctionnels. Nous identifions, ensuite, les cas d'utilisation et leurs diagrammes de séquences. Enfin, la dernière étape de cette phase sera consacrée à la définition des principaux rôles ainsi que leurs tâches appropriées.

I- La Capture des Objectifs

La première étape de la phase d'analyse est dédiée à la compréhension du système à réaliser. Elle est divisée en deux sous étapes : l'identification des objectifs et la structuration de ces derniers.

I.1- Le contexte du système

Le contexte du système est composé d'une présentation générale du modèle à concevoir ainsi que l'environnement où il sera implanté. Dans notre cas, le système à réaliser représente un système multi agents créatif pour l'automatisation de l'activité de négociation dans le Supply Chain. L'étude de l'environnement de notre système a été effectuée dans la première partie de ce présent mémoire. Le Supply Chain est une technologie implantée dans plusieurs domaines industriels, il est difficile de mettre en place un système générique qui réunit tous ces domaines. Nous choisissons, l'activité de négociation vu que cette activité se repère dans toutes les activités du Supply Chain à savoir l'ordonnancement des tâches, la prise de décision, etc. Afin de concrétiser ce présent travail de recherche, nous choisissons de concevoir un modèle de négociation pour le traitement des appels d'offre. La négociation se fait sur plusieurs critères à savoir : les prix des articles, leurs caractéristiques et leur niveau de qualité.

I.1.1- Les besoins fonctionnels

Notre application est un système multi agents créatif pour l'automatisation de l'activité de négociation des appels d'offre dans le Supply Chain. Les fonctionnalités qui peuvent être dégagées sont comme suit :

- L'administrateur du système, à partir de son terminal, pourra modifier la fonction objectif et les critères de négociation du système (le prix, les caractéristiques et le niveau de qualité).
- Le système aura la possibilité d'envoyer des appels d'offre via l'Internet.
- Le système aura la possibilité de négocier, en parallèle, les propositions des différents fournisseurs et de choisir l'une d'elles.

I.1.2- Les besoins non fonctionnels

Il s'agit, ici, de décrire les caractéristiques techniques les plus importantes imposées à l'application : la rapidité des réponses aux différentes propositions des fournisseurs et la sécurité des données.

- La rapidité des réponses : les messages provenant des fournisseurs peuvent être envoyés en masse, ce qui entraîne un ralentissement du temps de réponse.
- La sécurité : notre application nécessite une connexion continue à Internet vu que les conversations entre les agents du système fonctionnent via ce réseau. Ce genre d'application nécessite un niveau de sécurité assez élevé contre les intrusions et le piratage.

A partir de ces besoins fonctionnels et non fonctionnels, nous dégageons les principaux objectifs de notre système. Ces objectifs peuvent être formulés comme suit :

- Choisir une proposition ;
- Négocier les différentes propositions suivant une méthode de résolution multicritères;
- Calculer nouveaux paramètres ;
- Rechercher de l'information ;
- Changer les paramètres de la fonction objectif et ses contraintes.

I.2- Le diagramme hiérarchique des objectifs

Le diagramme hiérarchique (figure 18) des objectifs constitue une structuration des objectifs identifiés dans le contexte du système.

1. *Envoi d'appel d'offre* : l'utilisateur du système lance un appel d'offre par l'intermédiaire du module informationnel aux fournisseurs.

2. *Envoi de propositions :* suite à l'appel d'offre, chacun des fournisseurs envoie une proposition.

3. *Négociation des propositions :* l'application négocie les différentes propositions reçues suivant une méthode de résolution multicritères. Si l'une des propositions satisfait les objectifs du système, il y aura le choix de cette proposition. Sinon, l'application calculera des nouveaux paramètres et les envoie à l'ensemble des fournisseurs par l'intermédiaire du module informationnel.

4. *Choix d'une proposition :* le système choisit la proposition qui satisfait ses objectifs (l'accord d'un fournisseur concernant les paramètres imposés par le système ou l'arrivée à un seuil d'acceptation fixé par le système).

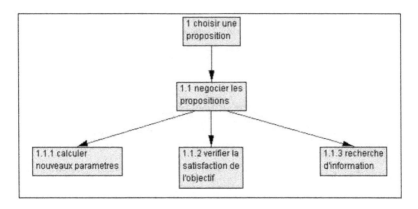

Figure 17: Le diagramme hiérarchique des objectifs

II- L'application des Cas d'utilisation

La deuxième étape de la phase d'analyse permet d'identifier les différents cas d'utilisation de notre application. Ces cas d'utilisation nous permettent d'exprimer les interactions du système avec le monde extérieur. Dans cette section, nous exposons le diagramme des cas d'utilisation et les diagrammes de séquences qui lui sont appropriés.

II.1- Les cas d'utilisation

Les cas d'utilisation (figure 19) nous permettent d'exprimer les interactions du système avec le monde extérieur.

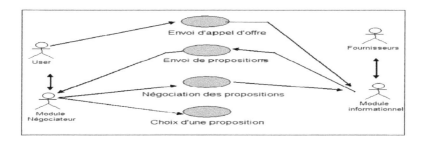

Figure 18 : Le diagramme de Cas d'utilisation

II.2- Le diagramme de séquences du cas d'utilisation « Négociation des propositions »

Dans ce paragraphe, nous choisissons le cas d'utilisation « Négociation des proposition » puisqu'il représente notre principale contribution au niveau du présent mémoire.

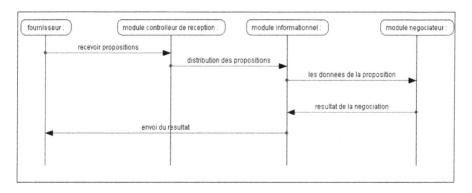

Figure 19 : le diagramme de séquence du cas d'utilisation « Négociation des propositions »

III- Troisième étape : Le Raffinement des Rôles

L'objectif de la troisième et dernière étape de la phase d'analyse est de transformer les buts structurés et les diagrammes de séquences en des rôles et des tâches qui leurs sont associées. Ces deux nouvelles formes sont plus appropriées pour la conception des systèmes multi agents.

III.1- Le modèle des rôles

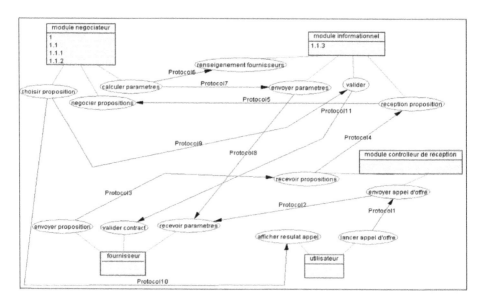

Figure 20 : Le modèle des rôles

III.2- Les diagrammes de tâches

À Chacune des tâches, du modèle des rôles, il est associé un diagramme de tâche. Dans cette partie, nous exposons les différents diagrammes des tâches associés aux différents rôles du système à proposer à savoir l'utilisateur, le fournisseur, le module informationnel, le module négociateur et le Module contrôleur de réception.

III.2.1- Les tâches pour le rôle « Utilisateur »

III.2.1.1- Le diagramme de la tâche « Lancer proposition » :

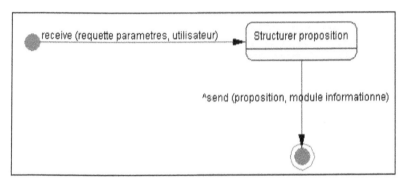

Figure 21 : Le diagramme de la tâche « Lancer proposition »

III.2.1.2- Le diagramme de la tâche « Afficher proposition » :

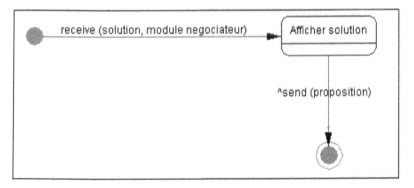

Figure 22 : Le diagramme de la tâche « Afficher proposition »

III.2.2- Les tâches pour le rôle « Fournisseur »

III.2.2.1- Le diagramme de la tâche « Envoyer proposition » :

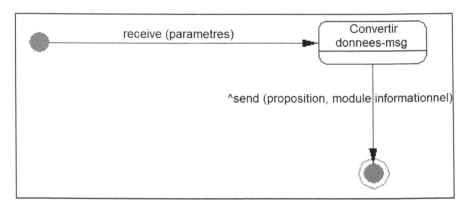

Figure 23 : Le diagramme de la tâche «Envoyer proposition »

III.2.2.2- Le diagramme de la tâche « Recevoir paramètres » :

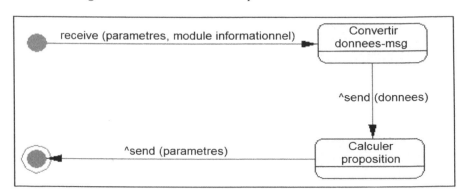

Figure 24 : Le diagramme de la tâche « Recevoir proposition »

III.2.2.3- Le diagramme de la tâche « Valider contrat » :

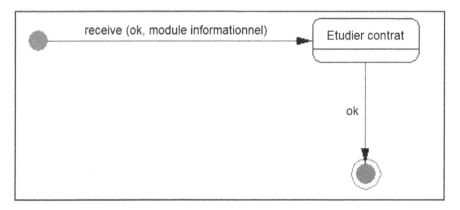

Figure 25 : Le diagramme de la tâche « Valider contrat »

III.2.3- Les tâches pour le rôle « Module informationnel »

III.2.3.1- Le diagramme de la tâche « Envoyer paramètres » :

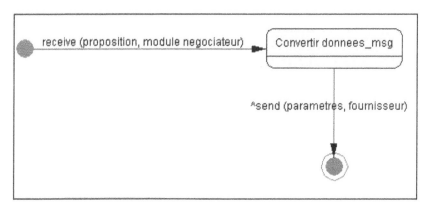

Figure 26 : Le diagramme de la tâche « Envoyer paramètres »

III.2.3.2- Le diagramme de la tâche « Réception proposition » :

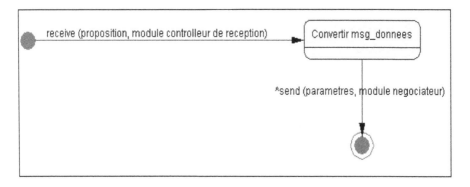

Figure 27 : Le diagramme de la tâche « Réception proposition »

III.2.3.3- Le diagramme de la tâche « Valider » :

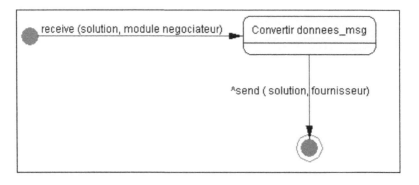

Figure 28 : Le diagramme de la tâche « Valider »

III.2.3.4- Le diagramme de la tâche « Renseignement fournisseur » :

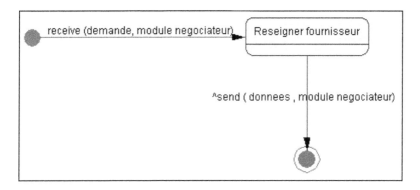

Figure 29 : Le diagramme de la tâche « Renseignement fournisseur »

III.2.4- Les tâches pour le rôle « Module négociateur »

III.2.4.1- Le diagramme de la tâche « Négocier proposition » :

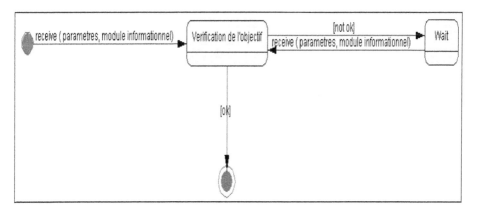

Figure 30 : Le diagramme de la tâche « Négocier proposition »

III.2.4.2- Le diagramme de la tâche « Calculer paramètres » :

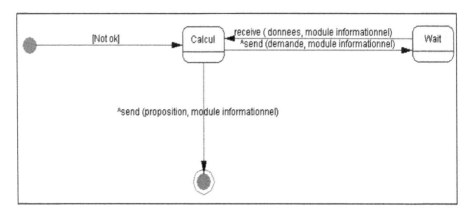

Figure 31 : Le diagramme de la tâche « Calculer paramètres »

III.2.4.3- Le diagramme de la tâche « Choisir paramètres » :

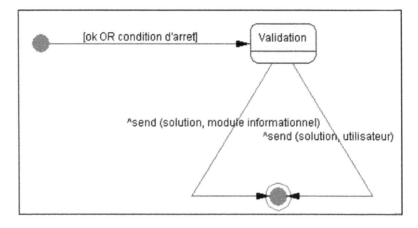

Figure 32 : Le diagramme de la tâche « Choisir paramètres »

III.2.5- Les tâches pour le rôle « Module contrôleur de réception »

III.2.5.1- Le diagramme de la tâche « Envoyer appel d'offre » :

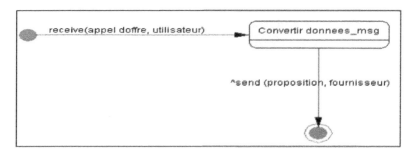

Figure 33 : Le diagramme de la tâche « Envoyer appel d'offre paramètres »

III.2.5.2- Le diagramme de la tâche « Recevoir propositions » :

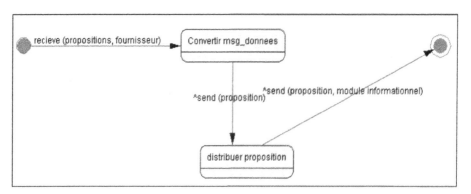

Figure 34 : Le diagramme de la tâche « Recevoir propositions »

Dans cette phase d'analyse, nous avons défini et présenté les principales fonctionnalités de notre système. L'analyse des différents cas d'utilisation est achevée. Ce qui nous permet de commencer la phase de conception qui constitue la deuxième et dernière phase de la méthodologie MaSE.

Chapitre VI : La phase de Conception

Cette dernière phase de la méthodologie MaSE est consacrée à la conception du système général. Elle comporte quatre étapes. Dans la première, nous identifions l'ensemble des agents qui participent dans ce système. Dans la deuxième étape, nous détaillons les conversations établies entre les différents agents du système. La troisième étape concerne la définition de l'architecture de chaque agent. Finalement, dans la quatrième étape, nous exposons le diagramme de déploiement du système.

I- La création des classes d'agents

Cette étape consiste à la création des classes d'agents à partir du modèle des rôles définie dans la phase d'analyse. La finalité de cette étape est le diagramme de classes d'agents (figure 36). Ce diagramme décrit l'organisation de système d'agents qui consiste en un ensemble de classes d'agent et les conversations qui s'exécutent entre eux.

II- La construction des conversations

Au cours de cette étape, nous détaillons les conversations déjà déterminées dans le diagramme de classes d'agents (figure 36). La construction des conversations représente une continuité des diagrammes de tâches définis dans la phase d'analyse. Chacune des conversations consiste en deux diagrammes de classes de communication, un chacun pour l'initiateur et le répondeur.

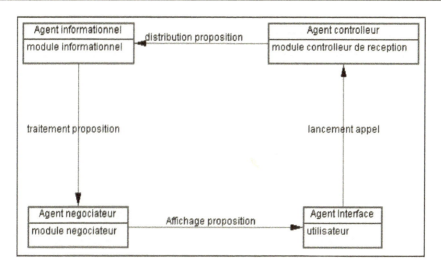

Figure 35 : Le diagramme de classes d'agents

Notre système à concevoir présente quatre types conversations : « Affichage proposition », « Distribution proposition », « Traitement proposition » et « Lancement appel d'offre ». La suite de cette section sera la présentation des différents diagrammes de classes de communication de chacune de ces conversations.

II.1- Conversation 1 : Affichage_proposition

La conversation « Affichage_proposition » représente la conversation établie entre l'agent Négociateur (Initiateur) et l'agent Interface (Répondeur). Cette conversation a comme objectif l'affichage de la proposition choisie par le système. Les figures 37 et 38 représentent respectivement le diagramme de classes de communication Négociateur ➜ Interface et le diagramme de classes de communication Interface ➜ Négociateur.

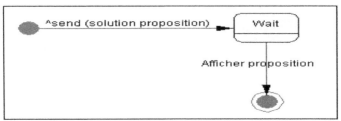

Figure 36 : Le diagramme de classe de communication «Affichage proposition » -Négociateur ➔ Interface

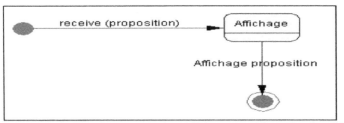

Figure 37 : Le diagramme de classe de communication «Affichage proposition » -Interface ➔ Négociateur

II.2- Conversation 2 : Distribution_proposition

La conversation « Distribution_proposition » constitue la conversation établie entre l'agent contrôleur (Initiateur) et l'agent Informationnel (Répondeur).

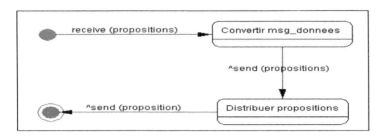

Figure 38 : Le diagramme de classe de communication «Distribution proposition » - Contrôleur ➔ Module Informationnel

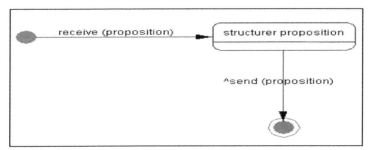

Figure 39 : Le diagramme de classe de communication «Distribution proposition » -Module Informationnel → Contrôleur

Cette conversation consiste à la distribution des différentes propositions envoyées par les fournisseurs aux agents Informationnels pour commencer la négociation. Les figures 39 et 40 présentent les deux sens de la communication établie entre le contrôleur et le module informationnel.

II.3- Conversation 3 : Traitement_proposition

La conversation « Traitement_proposition » constitue la conversation établie entre l'agent Informationnel (Initiateur) et l'agent Négociateur (Répondeur). Cette conversation représente la partie la plus importante dans notre système. Elle consiste en une négociation multicritères des différentes propositions envoyées par les fournisseurs ainsi que le choix de la proposition la plus optimale. Les figures 41 et 42 présentent les deux sens de communication entre le module Informationnel et le négociateur.

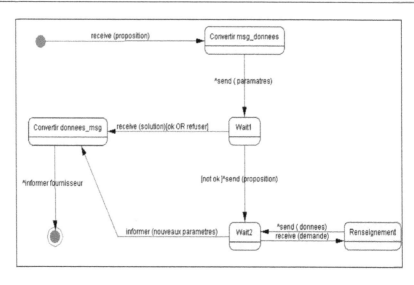

Figure 40 : Le diagramme de classe de communication «Traitement proposition» - Module Informationnel → Négociateur

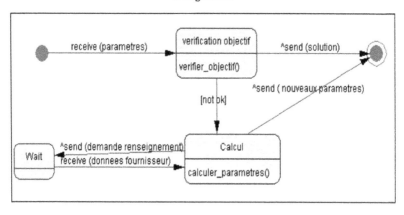

Figure 41 : Le diagramme de classe de communication «Traitement proposition» - Négociateur → Module Informationnel

II.4- Conversation 4 : Lancement_appel d'offre

La dernière conversation « Lancement appel d'offre » représente la conversation établie entre l'agent Interface (Initiateur – figure 42) et l'agent Contrôleur (Répondeur – figure 43). Le lancement de l'appel d'offre constitue l'évènement déclencheur de l'activité de négociation.

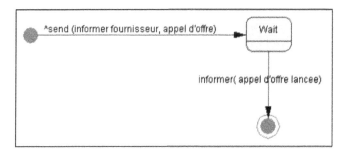

Figure 42 : Le diagramme de classe de communication «Lancement appel d'offre» - Interface ➔ Contrôleur

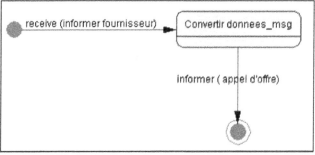

Figure 43 : Le diagramme de classe de communication «Lancement appel d'offre» -Contrôleur ➔ Interface

III- Troisième étape : L'assemblage des agents

La troisième étape de MaSE a comme objectif la définition de l'architecture de chaque agent du système. Notre système est formé de quatre type d'agent : l'agent Interface, l'agent contrôleur, l'agent Informationnel et l'agent Négociateur.

III.1- Agent Interface « Utilisateur »

L'agent Interface (figure 45) représente l'intermédiaire entre l'utilisateur et le système. Il est constitué de deux composants : L'affichage et le paramétrage. Le composant « Paramétrage » permet le paramétrage des autres agents du système. Le composant « Affichage » permet le lancement de l'appel d'offre et l'affichage de la proposition choisie par le système.

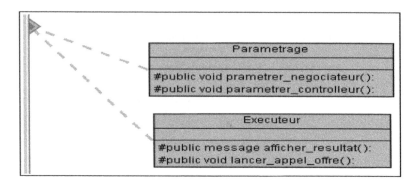

Figure 44 : L'architecture de l'agent Interface

III.2- Agent Contrôleur « C »

L'agent Contrôleur (figure 46) est responsable de l'envoi de l'appel d'offre et la réception des propositions envoyées par les fournisseurs. Il composé de trois modules : un module d'envoi, un module de réception et un module de traitement.

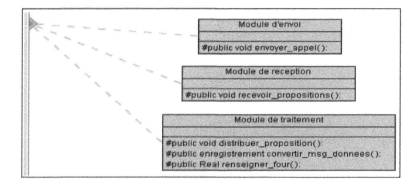

Figure 45 : L'architecture de l'agent Contrôleur

III.3- *Agent Informationnel « I »*

L'agent informationnel (figure 47) a comme objectif d'établir la connexion entre le système et son environnement extérieur. Il présente deux composants : un module d'envoi et un module de réception.

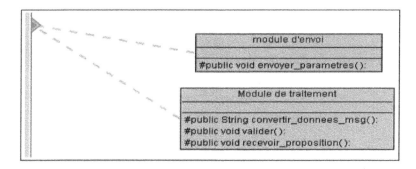

Figure 46 : L'architecture de l'agent Informationnel

III.4- Agent Négociateur « N »

L'agent négociateur (figure 48) représente la partie la plus importante dans notre système. La totalité du traitement des propositions sera effectuée par cet agent. Il comprend deux composants : le négociateur et le créateur.

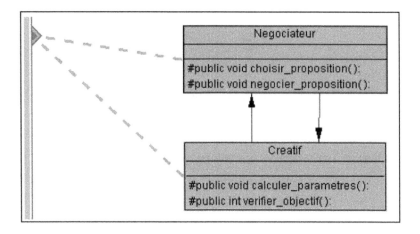

Figure 47 : L'architecture de l'agent Négociateur

IV- Quatrième étape : La conception du système

Cette dernière étape prend les classes d'agents définies précédemment et montre le nombre et les types et les emplacements de ces agents dans notre système. La figure48 montre le diagramme de déploiement qui est la finalité cette étape.

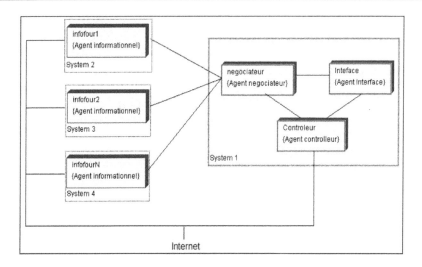

Figure 48 : Le diagramme de déploiement

V- Les interfaces du système

L'agent Interface représente une passerelle de communication entre l'utilisateur et le système de négociation. Afin d'assurer cette communication, l'agent Interface présente une série de cinq interfaces : Une interface pour le choix de opérations de l'agent Interface (figure 50), deux interfaces pour le paramétrage de l'agent Négociateur et l'agent Contrôleur (figures 51 et 52), une interface pour le lancement de la négociation de l'appel d'offre (figure 53) et une dernière interface pour l'affichage de la proposition optimale (figure 54).

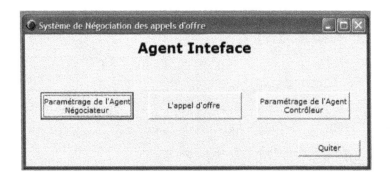

Figure 49 : Interface pour le choix de l'opération

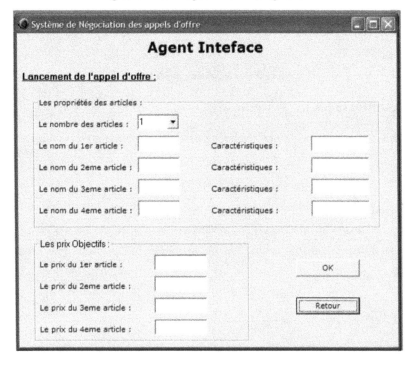

Figure 50 : Interface pour le lancement de l'appel d'offre

Figure 51 : Interface pour le paramétrage de l'agent Négociateur

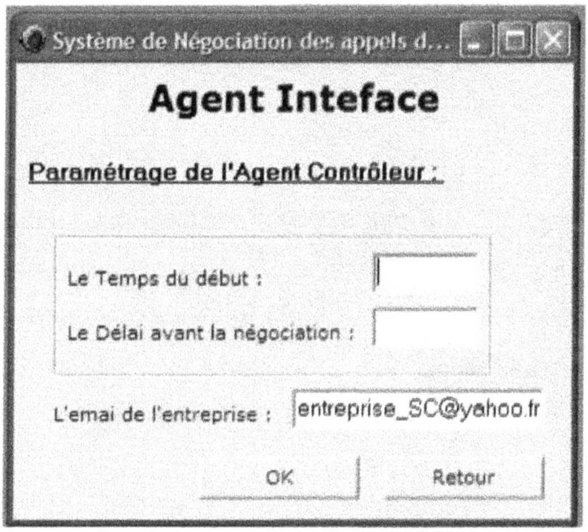

Figure 52 : Interface pour le paramétrage de l'agent Contrôleur

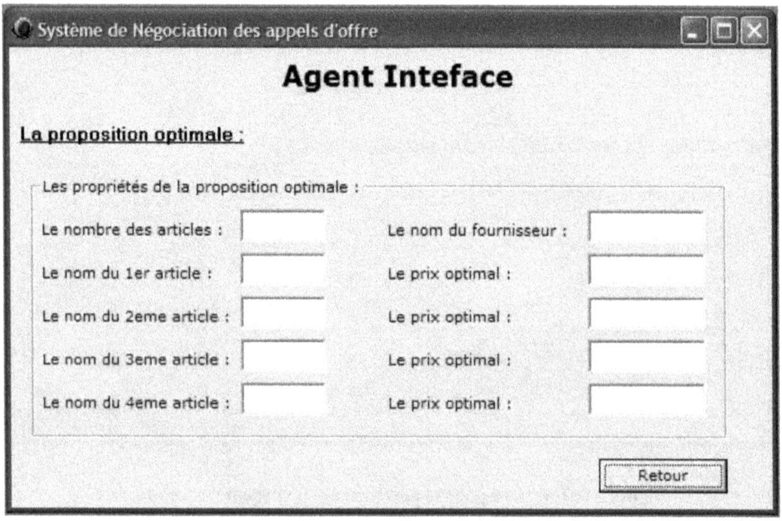

Figure 53 : Interface pour l'affichage de la proposition optimale

Au vu de cette phase de conception, nous avons défini les types d'agents utilisés dans notre système et les placés dans une architecture stable. La capture des besoins s'est achevée, ainsi que l'analyse et la conception des différents cas d'utilisation ; ce qui nous a permis de commencer l'implémentation et arriver à un système stable et prêt pour être exploité par les utilisateurs finaux.

Conclusion Générale

Nous nous sommes intéressés dans ce travail à résoudre les problèmes de négociation au niveau des activités du Supply Chain. Nous rappelons que les principaux objectifs de ce travail étaient : 1) l'étude du concept du Supply Chain et les principales activités y afférents, plus précisément l'activité de négociation, 2) l'étude de la technologie multi agents, 3) l'étude et l'analyse de quatre plateformes multi agents et le choix de la plateforme pour la réalisation de notre système et 4) la réalisation d'un système de négociation des appels d'offre en utilisant la technologie multi agents.

Lors de notre étude, dans la première partie, nous nous sommes intéressés, tout d'abord, à la présentation du concept de Supply Chain. Nous avons pu acquérir des connaissances relatives au fonctionnement de ce concept et de ses activités qu'ils englobent. Citons en particulier, l'activité de négociation qui était notre choix de référence pour la réalisation de notre système vu l'intérêt porté à celle-ci dans la littérature dans un premier temps et la présence d'un certain nombre de limites dans les systèmes de négociation déjà existants dans un deuxième temps. Ensuite, nous avons présenté le concept de créativité et la technologie mulit agents qui représentent les outils de base pour la réalisation de notre système de négociation.

En adoptant la méthodologie MaSE « Multi agents System Engineering » comme méthode de développement, nous avons pu, dans la deuxième partie, mettre en place une solution permettant de résoudre les conflits lors de la négociation des appels d'offre.

Lors de nos travaux, nous avons toujours essayé de rendre notre système une base pour les futurs recherches en offrant tous les éléments de base susceptibles de les aider à intégrer d'autres idées afin d'améliorer et amplifier la performance au niveau du processus de négociation.

Ce travail a consisté à proposer un modèle de négociation des appels d'offre au niveau du Supply Chain offrant une automatisation totale du processus de négociation avec l'introduction de l'aspect créatif dans la négociation. Notre système représente un point de départ pour d'autres éventuelles recherches. En effet, un large panel d'idées pourra être de nouvelles perspectives pour ce projet telles que par exemples :

- L'introduction de l'aspect multicritères dans le processus de négociation ;
- La prise en considération des critères qualitatifs dans la négociation ;
- L'intégration de l'aspect de la réputation dans le processus de négociation ;
- L'introduction de l'aspect sécurité au niveau de des échanges de données entre les différentes parties négociatrices.

Références Bibliographiques

[1]   Barata, J., Camarinha-Matos, L., Leitão, P., Boissier, R., Restivo, F., & Raddadi, M. (2001). Integrated and distributed manufacturing, a multi-agent perspective. 3rd workshop on European scientific and industrial collaboration 27-29 juin Enschede, Netherlands pp 145-156

[2]   Benisch, M., Greenwald, A., Grypari, I., Lederman, R., Naroditskiy, V., & Tschantz, M. (2004). Botticelli: A supply chain management agent designed to optimize under uncertainty. ACM SIGecom Exchanges, 4(3), 29-37.

[3]   Hubner, J. F., Sichman, J. S., & Boissier, O. (2007). Developing organised multiagent systems using the MOISE+ model: programming issues at the system and agent levels. International Journal of Agent-Oriented Software Engineering, 1(3), 370-395.

[4]   Hübner, J. F., Sichman, J. S., & Boissier, O. (2002). Spécification structurelle, fonctionnelle et déontique d'organisations dans les systemes multi-agents.JFIADSMA, 2, 205-216.

[5]   Brachman, R. J. (2002). Systems that know what they're doing. Intelligent Systems, IEEE, 17(6), 67-71.

[6]   Brazier, F. M., & Wijngaards, N. J. (2002). Designing creativity. In Proceedings of the Learning and Creativity in Design workshop at AID'02.

[7]   Carabelea, C., & Boissier, O. (2003, May). Multi-agent platforms on smart devices: Dream or reality. In Proceedings of the Smart Objects Conference

(SOC03), Grenoble, France (pp. 126-129).

[8]   Carre, E, & Roques, T (200). Les Méthodes d'invention et de Découverte. Magazine Connaissance et Action, 62–74.

[9]   Chen, Y., Peng, Y., Finin, T., Labrou, Y., & Cost, S. (1999, June). Negotiating agents for supply chain management. In AAAI Workshop on Artificial Intelligence for Electronic Commerce, AAAI, Orlando.

[10]   Collis, J., Ndumu, D., & van Buskrik, C. (1999). The ZEUS technical manual.Intelligent Systems Research Group, BT Labs, British Telecommunications.

[11]   DeLoach, S. A. (2001). Analysis and Design using MaSE and agentTool. AIR FORCE INST OF TECH WRIGHT-PATTERSON AFB OH SCHOOL OF ENGINEERING AND MANAGEMENT.

[12]   DeLoach, S. A., Wood, M. F., & Sparkman, C. H. (2001). Multiagent systems engineering. *International Journal of Software Engineering and Knowledge Engineering*, 11(03), 231-258.

[13]   DeLoach, S. A. (1999). Multiagent systems engineering: a methodology and language for designing agent systems. AIR FORCE INST OF TECH WRIGHT-PATTERSON AFB OH DEPT OF ELECTRICAL AND COMPUTER ENGINEERING.

[14]   DeLoach, S. A., Matson, E. T., & Li, Y. (2003). Exploiting agent oriented software engineering in cooperative robotics search and rescue. *International journal of pattern recognition and artificial intelligence*, 17(05), 817-835.

[15]   Wood, M. F., & DeLoach, S. A. (2001, January). An overview of the multiagent systems engineering methodology. In Agent-Oriented Software Engineering (pp. 207-221). Springer Berlin Heidelberg.

[16] Collins, J., & Wolfgang Ketter, M. G. (2002). A multi-agent negotiation testbed for contracting tasks with temporal and precedence constraints. *International Journal of Electronic Commerce, 7*(1), 35-57.

[17] Goodwin, R., Keskinocak, P., Murthy, S., Wu, F., & Akkiraju, R. (1999). Intelligent decision support for the e-supply chain. In *Artificial intelligence for electronic commerce, AAAI workshop* (Vol. 99, pp. 77-81).

[18] Hendler, J. (1999). Is There an Intelligent Agent in Your Future?. *Nature, 11.*

[19] Bichler, M., Kersten, G., & Strecker, S. (2003). Towards a structured design of electronic negotiations. *Group Decision and Negotiation, 12*(4), 311-335.

[20] Kim, K., Paulson, B. C., Petrie, C. J., & Lesser, V. R. (2000). *Compensatory negotiation for agent-Based project schedule optimization and coordination*(Vol. 55). CIFE Working Paper.

[21] Knoblock, C. A., & Minton, S. (1999). Building Agents for Internet-based Supply Chain Integration. In *Proceedings of the Workshop on Agents for Electronic Commerce and Managing the Internet-Enabled Supply Chain.*

[22] Lecœuvre, L., & Verstraete, T. (1998). Créativité et PME: exemple de déploiement d'une méthode combinant groupe nominal et cartographie. *Actes du 4ème Congrès International Francophone sur la PME.*

[23] Leitão, P., & Restivo, F. (2000). A framework for distributed manufacturing applications.

[24] Beamon, B. M. (1999). Measuring supply chain performance. *International Journal of Operations & Production Management, 19*(3), 275-292.

[25] Klabi, H., & Mellouli, K. (2006, October). A Negotiation model for the Supply Chain based on Creative Multi-agent: Proposition of a negotiation model for an invitation for tenders Treatment. In *Service Systems and Service*

Management, 2006 International Conference on (Vol. 1, pp. 841-846). IEEE.

[26] Lopez, P. (2003). *Approche par contraintes des problèmes d'ordonnancement et d'affectation: structures temporelles et mécanismes de propagation* (Doctoral dissertation, Institut National Polytechnique de Toulouse-INPT).

[27] Milojicic, D. (1999). Mobile agent applications. *IEEE concurrency, 7*(3), 80-90.

[28] Muller, G., Eyman, T. & Sackman, S. (1999). Economic risks of market based supply chain coordination using multiagent systems. Workshop Intelligente softwareagenter und betriebswirtschaftliche anwendungsszenarien.

[29] Pham, V. T., Magnin, L., & Sahraoui, H. A. (2004, February). Adaptation dynamique des systèmes multi-agents basée sur le concept de méta-CATN. In*RIVF* (pp. 159-164).

[30] Qinghe, H., Kumar, A., & Shuang, Z. (2001). A bidding decision model in multiagent supply chain planning. *International Journal of Production Research,39*(15), 3291-3301.

[31] Journées francophones d'intelligence artificielle et systèmes multi-agents (9: 2001: Montréal), & el Fallah Seghrouchni, A. (2001). *Fondements des systèmes multi-agents: modèles, spécifications formelles et vérification: actes des JFIADSMA'01, 12 novembre-14 novembre 2001, Montréal, Québec, Canada.* Hermes.

[32] Ricordel, P. M., & Demazeau, Y. (2000, January). From analysis to deployment: A multi-agent platform survey. In *Engineering societies in the agents world* (pp. 93-105). Springer Berlin Heidelberg.

[33] Sauter, J. A., Parunak, H. V. D., & Goic, J. (1999, May). ANTS in the Supply

Chain. In *Proceedings of the Workshop on Agent-Based Decision Support Managing Internet-Enabled Supply Chain* (pp. 1-9).

[34]   Shen, W., & Norrie, D. H. (1998). An agent-based approach for manufacturing enterprise integration and supply chain management. In *Globalization of manufacturing in the digital communications era of the 21st century* (pp. 579-590). Springer US.

[35]   Shen, W., Norrie, D. H., & Kremer, R. (1999, September). Developing intelligent manufacturing systems using collaborative agents. In *Proceedings of IMS* (Vol. 99, pp. 22-24).

[36]   Tchikou, M., & Gouardères, E. (2003). Multi-agent model to control production system: A reactive and emergent approach by cooperation and competition between agents. In *Agent Technologies, Infrastructures, Tools, and Applications for E-Services* (pp. 329-342). Springer Berlin Heidelberg.

[37]   Collis, J. C., Ndumu, D. T., Nwana, H. S., & Lee, L. C. (1998). The zeus agent building tool-kit. *BT Technology Journal, 16*(3), 60-68.

[38]   Turban, E., Aronson, J., & Liang, T. P. (2005). *Decision Support Systems and Intelligent Systems 7 "" Edition.* Pearson Prentice Hall.

[39]   Van Langen, P. H., Wijngaards, N. J., & Brazier, F. M. (2004). Designing creative artificial systems. *AI EDAM: Artificial Intelligence for Engineering Design, Analysis and Manufacturing, 18*(03), 217-225.

[40]   Wagner, T., & Guralnik, V. (2002). Software Agents for Dynamic Supply Chain Management.

[41]   Web site : La plateforme AgentTool http:// www.cis.ksu.edu/...../agentTool

[42]   Web site : La plateforme Jade http://jade.tilab.com

[43]   Web site : Un Site Web pour les définitions des termes informatiques http://www.goacom.com/realestate/glossary_terms.html

[44]   Web site : http://www.madkit.org/madkit/doc/devguide/ devguide.htm

[45]   Web site : the value Chain Michael porter http://www.demandedge.com

[46]   Web site : « Supply chain group » http://www.i-sc-group.com

[47]   Web site: La plateforme MadKit http:// www.madkit.org

[48]   Yuan, Y., Liang, P., & Zhang, J. J. (2001). Using agent technology to support supply chain management: potentials and challenges.

www.ingramcontent.com/pod-product-compliance
Lightning Source LLC
LaVergne TN
LVHW042339060326
832902LV00006B/274

Ce travail de recherche est consacré à la proposition et la réalisation d'un modèle de négociation basé sur les systèmes multi-agents pour le traitement des appels d'offre d'une entreprise dans un Supply Chain. Dans la première partie, nous présentons les différents concepts liés directement au modèle proposé à savoir : « le Supply Chain », « l'activité de négociation », « les systèmes multi-agents » et « la créativité ». Dans la deuxième partie, nous adoptons la méthodologie MaSE pour la conception du système de négociation proposé. L'objectif de ce système consiste à automatiser le processus de négociation dans les appels d'offre et diminuer voir éliminer l'intervention humaine dans ce processus.

Hichem Klabi est professeur à l'Institut Supérieur des Mathématiques Appliquées et d'Informatique (Tunisie) depuis 2008. Il est chercheur au département des systèmes d'information à l'Université Laval depuis 2012. Il a un Ph. D en informatique de l'ISG de Tunis. Ses Recherches portent sur les systèmes de négociation et les mécanismes de réputation.